28 LEIS da INTELIGÊNCIA SOCIAL

Como se comunicar e convencer pessoas

Elcio Coronato
Coautor Marcelo Salinas

28 LEIS da INTELIGÊNCIA SOCIAL

Como se comunicar e convencer pessoas

LURABOOKS

Copyright © 2023 por Elcio Coronato
Todos os direitos reservados.

Coordenação Editorial
Roger Conovalov

Diagramação
André Barbosa

Design de capa
Lura Editorial

Revisão
Mitiyo S. Murayama

Coautor
Marcelo Salinas

Todos os direitos reservados. Impresso no Brasil.
Nenhuma parte deste livro pode ser utilizada, reproduzida ou armazenada em qualquer forma ou meio, seja mecânico ou eletrônico, fotocópia, gravação etc., sem a permissão por escrito do autor.

Dados Internacionais de Catalogação na Publicação (CIP)
(Câmara Brasileira do Livro, SP, Brasil)

Coronato, Elcio
    As 28 leis da inteligência social : como se comunicar e convencer pessoas / Elcio Coronato. -- 1. ed. -- São Caetano do Sul, SP : Lura Editorial, 2023.

    ISBN 978-65-5478-015-5

    1. Autoajuda 2. Comportamento (Psicologia) 3. Comunicação
    4. Desenvolvimento pessoal 5. Inteligência social 6. Persuasão
    (Psicologia) 7. Psicologia aplicada 8. Relações interpessoais
    I. Título.

23-142626   CDD-158.2

Índices para catálogo sistemático:
1. Inteligência social : Relações interpessoais :
Psicologia aplicada 158.2

Aline Graziele Benitez - Bibliotecária - CRB-1/3129

[2023]
Lura Editorial
Rua Manoel Coelho, 500, sala 710, Centro
09510-111 - São Paulo - SP - Brasil
www.luraeditorial.com.br

SUMÁRIO

APRESENTAÇÃO

Capítulo 1 – A Verdade Está Lá Fora 07
Capítulo 2 – O Problema É A Solução 15
Capítulo 3 – O Que É Inteligência Social? 21
Capítulo 4 – A Vida Tem Atalhos 29

AS 28 LEIS DA INTELIGÊNCIA SOCIAL........34

Lei 1 – Use A Tríplice Da Inteligência Social 35
Lei 2 – Use A Via Mais Rápida 46
Lei 3 – Todo Mundo Tem Que Ganhar 51
Lei 4 – Saiba Com Quem Está Falando 56
Lei 5 – Faça Os Outros Dizerem "Sim" 61
Lei 6 – Seja Uma Fonte De Prazer 66
Lei 7 – Faça O Outro Se Sentir Importante 72
Lei 8 – Fale A Verdade 80
Lei 9 – Cuide Da Sua Reputação 89
Lei 10 – Entre Em Concordância 94
Lei 11 – Sorria 97
Lei 12 – Fale Os Nomes Das Pessoas 101
Lei 13 – Elogie 106
Lei 14 – Peça Ajuda 111
Lei 15 – Conte Um Segredo 115
Lei 16 – Ouça Mais, Fale Menos 118
Lei 17 – Sempre Tenha Mais A Oferecer 123
Lei 18 – Valorize Sua Presença 132
Lei 19 – Faça A Sorte Acontecer 138
Lei 20 – Fale Com Quem Manda 147
Lei 21 – Respeite O Tempo 161
Lei 22 – Antecipe-Se 171
Lei 23 – Desfrute O Que É Diferente 180
Lei 24 – Renda-Se Ao Grupo 188
Lei 25 – Seja O Que Quiser 197
Lei 26 – Veja O Copo Meio Cheio 205
Lei 27 – Divirta-Se 211
Lei 28 – Ame Ao Próximo 217

CAPÍTULO 01

A VERDADE ESTÁ LÁ FORA

uem nunca ouviu a frase "a verdadeira felicidade acontece quando olhamos para dentro de nós mesmos"?

Somos bombardeados com essa ideia transmitida por especialistas e ditos gurus. Trata-se de uma mensagem que soa lógica e intuitiva.

Oferece uma receita de felicidade que só depende de você. Olhar para dentro em busca de autoconhecimento parece uma solução sedutora.

Sedutora e precipitada.

A sua realidade depende do quanto você olha e compreende o mundo exterior, depende principalmente da qualidade de seus relacionamentos e interações.

Suas relações pessoais podem ser fontes de frustração ou de bem-estar. De ansiedade ou de equilíbrio.

Saber como as pessoas funcionam é uma forma de autoconhecimento. Você é uma pessoa, afinal.

Mas na busca pelo autoconhecimento, a diferença entre "olhar para dentro" e "olhar para fora" é uma questão de perspectiva ou até mesmo de semântica.

Onde está a sua concentração? O que é mais importante entender? Você mesmo ou o outro? Como entender a si mesmo sem entender quem está ao seu redor?

Não adianta viver olhando para dentro quando seus maiores problemas estão na forma como você se relaciona. Seja com amigos, colegas de trabalho, chefes e subordinados, familiares ou parceiros românticos.

Você pode gostar ou não dessa realidade, mas eu e você dependemos dos outros.

Desde sempre, tenho o hábito de questionar ditados populares, frases prontas e citações de pensadores famosos. Por mais genial que uma personalidade seja, ninguém está certo o tempo todo.

No segundo grau, então com meus 15 anos, entrei em um debate que durou uma aula inteira. O professor de filosofia não se conformou que discordei de uma frase de Sócrates, o filósofo grego. Depois de quase uma hora de debate, diante da classe, perguntei:

"Professor, você tá aqui para ensinar o que Sócrates disse ou para dizer que ele estava sempre certo?".

Finalmente ele recuou. Percebeu que estava sendo intransigente e decidiu ouvir meu ponto de vista.

Na minha cabeça, questionar consensos faz parte da busca pelo conhecimento. Só incorporamos *de verdade* o que aprendemos quando as coisas fazem sentido para a gente.

Ou quando *não* fazem sentido.

É fundamental identificar nossas próprias emoções, entender como funciona a nossa intuição. É preciso saber ouvi-la e usá-la na nossa jornada.

O autoconhecimento só é possível porque os outros existem. O que seria se autoconhecer se não existissem outras pessoas?

O primeiro passo para começar a se conhecer é observar quem está ao redor, encontrar similaridades e diferenças. Esse é o caminho da construção de uma identidade.

A verdade é que não existe autoconhecimento sem reconhecer o outro, sem conhecer quem nós somos. E digo "nós" no sentido coletivo.

Chega a ser arrogante, egoísta e até mesmo covarde acreditar ser possível um autoconhecimento individual.

Olhar apenas para dentro é como nascer, e passar a vida, fechado em uma sala sem janelas. Sem contato com o mundo. Um lugar onde só é possível fantasiar e sonhar.

Viver autocentrado é viver com medo. É uma manifestação de insegurança. A vida é feita de convivência e interação, e isso requer coragem.

Precisamos sair da bolha de autoproteção que criamos. Preso nela, você não vai entender nada sobre si mesmo.

Quando olha apenas para dentro, você se torna um prisioneiro. Chamo essa prisão de *loop na própria cabeça*, e é difícil escapar dela.

O que é um *loop na própria cabeça*?

É um ciclo de ideias e sentimentos que se retroalimentam. Você não consegue enxergar além do *loop* mental que criou.

Experimentando sempre mais do mesmo, obcecado por sua vida interna, sem referências externas, você está preso no *loop*.

O amor próprio depende de sua atitude de amar. Não há como amar a si próprio sem antes escolher viver com amor.

Sem amar ao próximo não há como receber nem mesmo o próprio amor.

Amar, então, é um ato de desapego do próprio ego. Um ato que exige coragem.

A "bolha de ego" oferece uma sensação falsa de segurança e proteção. Cedo ou tarde, você terá que sair dela, e, quando essa hora chegar, não vai se sentir seguro.

Por isso o discurso do "olhar pra dentro" é sedutor, justamente, porque promete uma *sensação* de segurança.

Olhando para dentro podemos, sim, ter experiências de hiperconcentração, transcendência, chegar a estados alterados de consciência e ter percepções metafísicas da realidade.

Podemos sim descobrir um mundo que passa despercebido diante do estilo imediatista e materialista em que vivemos.

Mas não é sobre isso que estou falando.

O que estou dizendo é que vivendo centrados em nós mesmos, fechados na caverna de nossas emoções, criamos uma realidade míope e perdemos a chance de experimentar a riqueza dos outros.

Desperdiçamos o potencial de brilhar em uma realidade maior que nós mesmos. Na realidade do todo.

Cada um de nós faz parte do todo. Ou, até mesmo, somos o próprio todo.

A mentalidade de olhar para dentro pode ser uma fuga que expõe medo e covardia.

Olhar para fora é lançar-se ao mundo sem armaduras. É expor-se ao território onde viver e amar genuinamente é possível. É entregar-se à vida sem esperar nada em troca, afinal, a vida já é o maior presente.

Se existe uma experiência mais rica e valiosa que a própria oportunidade de existir é a oportunidade de coexistir.

Quando nossas relações são saudáveis e harmoniosas, melhoramos nossas próprias realidades e criamos um mundo verdadeiramente novo. Para nós e para os que estão ao redor.

Você provavelmente conhece alguém que, quando chega, "ilumina" o ambiente. Tudo passa a ser mais divertido e positivo na presença dela. Identificamos estas pessoas como carismáticas.

Muitos enxergam o carisma como uma qualidade mística, ou como um dom natural e inexplicável.

Não é.

Carisma não tem a ver com beleza física. Não tem a ver com a faculdade que fez ou deixou de fazer. E também não necessariamente com um dom inato.

Os socialmente inteligentes são carismáticos porque demonstram confiança natural.

Essa autoconfiança sedutora é fonte de bem-estar para você e para os outros.

Este livro enumera 28 leis que pessoas socialmente inteligentes seguem, seja de forma racional ou intuitiva. Isto é, através de estudo, talento natural ou vivência.

O que apresento neste livro é fruto de experiência e estudos.

Experiência que adquiri ao longo de mais de 20 anos atuando como comunicador e lidando com o público. E, claro, ao longo de todos os outros anos da minha vida também.

Sou apresentador e repórter de televisão, e minha paixão sempre foi gravar conteúdos com câmeras escondidas.

Por quê?

Porque sou fascinado em entender como as pessoas funcionam, como reagem diante de dilemas. Como tomamos decisões em situações inesperadas, na vida real.

Gravar com câmeras ocultas possibilita registrar reações autênticas. Ao testar essas reações, compreendemos o indivíduo dentro da sociedade.

O resultado de parte dessa investigação foi exibido para milhões, na televisão aberta. Foram centenas de experimentos sociais, gravados no calor das ruas ao longo de mais de dez anos.

Nesse processo, interagi com milhares de pessoas com histórias de vida, contextos familiares e ambientes sociais diferentes do meu.

Li dezenas de livros e pesquisas acadêmicas sobre psicologia, psicologia social, antropologia, sociologia, linguagem corporal, inteligência emocional e social, negociação, neurolinguística e hipnose.

Aprendi muito estudando.

Mas minha formação teórica não se compara às experiências que vivi. Aos desafios muitas vezes brutais que enfrentei pessoal e profissionalmente. Como repórter, fui ao limite e, algumas vezes, coloquei a vida em risco.

Negociar minha vida sentindo o cano gelado de uma pistola na testa, não aconteceu comigo só uma vez. Da mesma forma, também não foi apenas uma única vez que tive certeza de que, no mundo, não havia alguém mais feliz do que eu.

Se eu dissesse que vivi essa montanha-russa de experiências para "entender como reagimos diante dos estímulos sociais que formam o tecido da vida", estaria mentindo.

Vivi tudo isso simplesmente porque sempre quis, literalmente, viver.

Viver é conviver e experimentar. É se jogar no mundo sem erguer muros nem levantar defesas.

Neste livro, compartilho histórias de enrascadas que muitos chamariam de azar, e conquistas que muitos creditaram à sorte.

Você vai entender que, quanto mais experiências tiver, mais inteligência social terá. E quanto mais inteligência social, mais sorte.

Levante a cabeça e olhe para fora.

A vida está te esperando.

CAPÍTULO 02

O PROBLEMA É A SOLUÇÃO

Existe um problema acontecendo no mundo. Não apenas um, mas esse você pode constatar dando uma volta na rua.

Você entra no metrô e o que vê? Para onde as pessoas olham?

Uma família almoça em um restaurante: quantos estão como zumbis no celular?

Indiferentes aos que estão ao redor?

A realidade é que a tecnologia nos aproxima de quem está longe e nos afasta de quem está perto.

De tanto recorrer às telas para mediar interações, passamos a depender delas.

Desaprendemos a ouvir e a conviver pessoalmente. Renunciamos à habilidade de navegar em público. Desprezamos a arte do "olho no olho".

Abandonamos nossa inteligência social.

Inteligência social é a habilidade de se conectar e obter cooperação.

Esse é o atributo de grandes personalidades da história. É a principal habilidade humana e sempre foi valorizada. A comunicação e a capacidade de nos relacionarmos determinou o surgimento da sociedade.

Tanto hoje quanto na história, líderes que imprimem sua marca conquistam adesão e cooperação. Napoleão Bonaparte sabia fazer isso. Era um general carismático.

Para atingir seus objetivos, precisava de tropas motivadas.

Ao término de cada campanha, pedia a um comandante que apontasse o soldado raso mais valoroso na batalha. Diante de todos, Napoleão tirava uma medalha do próprio casaco e a pregava na farda do subalterno.

Essa é a mentalidade de um líder que olha para fora.

Erguer impérios e conquistar territórios envolve, antes de mais nada, conquistar e cativar pessoas.

Hoje, vidrados no ciclo egoísta de olhar para dentro, não enxergamos o prejuízo de abdicar da nossa inteligência social.

Nos últimos anos, a inteligência social tornou-se uma das habilidades profissionais mais valorizadas pelas empresas no mundo. Justamente porque tem se tornado escassa.

A carência dessa capacidade virou um problema para as empresas.

Os relatórios anuais sobre o futuro do emprego, do Fórum Econômico Mundial, listam habilidades sociais como empatia, capacidade de atuar em grupo e resolver conflitos como requisitos para os profissionais nos próximos anos.

É o Fórum Econômico Mundial que está dizendo, não apenas eu. O profissional do futuro precisa ser socialmente inteligente.

Essa conclusão não se baseia apenas na atual escassez de habilidades interpessoais. Se hoje elas são valorizadas, em um futuro próximo vão definir quem vai ter um emprego ou não. Quem vai sobreviver no mercado.

Por quê?

Porque a inteligência artificial vai substituir milhares de vagas de trabalho. Milhões de profissionais se tornarão obsoletos.

Em breve, nossas habilidades lógico-racionais e técnico-científicas vão ser insignificantes diante dos poderes dessa inteligência.

Parece filme de ficção científica, mas isso já está acontecendo.

Inteligências artificiais já aprendem sozinhas. Fazem diagnósticos de doenças na China, substituem advogados nos Estados Unidos e analistas de recrutamento de recursos humanos no mundo.

Inteligência artificial não são robôs com cabeça, tronco e membros, como vemos nos filmes.

As inteligências artificiais que vão revolucionar o mundo estão em instalações gigantescas, com milhares de ultraprocessadores, altamente refrigeradas e protegidas.

A cada ano, essas instalações ficam menores, porque a capacidade de processamento evolui em escala geométrica.

Ela dobra em cada vez menos tempo.

O que custava 20 anos para evoluir, agora progride em dez. Logo será em cinco, em dois e meio, e por aí vai. Em alguns anos, uma inteligência artificial extremamente sofisticada vai ocupar menos espaço que um livro na sua estante.

O que nos diferencia dessa inteligência poderosa?

Quais capacidades humanas ela *não* vai ter?

Justamente a de interagir e se relacionar, expressando emoções e sentimentos.

De sentir carinho, identificação, amizade, amor.

POR EXEMPLO:

Os médicos que vão se destacar não são os que mais conhecem medicina, tecnicamente falando. Ou que sejam grandes especialistas em diagnósticos.

Os médicos que vão se destacar são os que sabem se relacionar e cuidar dos pacientes. Aqueles que realmente transmitem confiança. Se você parar para pensar, isso já acontece, agora mesmo, no presente.

O mesmo vale para todas as profissões.

A complexidade das relações humanas, as emoções e sentimentos envolvidos em uma interação não podem ser reproduzidos.

O profissional do futuro ou vai saber lidar com máquinas, criando e aperfeiçoando robôs, ou vai ter que saber lidar com gente. E digo mais: o que lida com máquinas também terá que saber lidar com gente.

Por isso a inteligência social, assim como a inteligência artificial, são o futuro do trabalho.

Porém, não vivemos só de trabalho.

Queremos ser felizes.

Felicidade pode significar coisas diferentes para cada um.

Porém, a felicidade verdadeira tem um elemento-chave.

A busca por esse fator-chave motivou o maior estudo sobre felicidade já realizado na história.

Cientistas da Universidade de Harvard fizeram essa pergunta em 1938, e passaram 80 anos em busca da resposta, monitorando o mesmo grupo de pessoas. Assim como familiares, amigos, filhos, netos e bisnetos.

Foram mais de 1.300 pessoas estudadas.

Recrutaram voluntários de todas as classes sociais, de contextos de vida diferentes, que vieram a ter as profissões mais variadas. Alguns formaram famílias, outros não. Alguns se tornaram milionários, outros tiveram uma vida modesta.

No ano de conclusão da pesquisa, em 2018, cerca de 60 dos participantes originais ainda estavam vivos, na casa dos 90 anos.

Os pesquisadores realizavam exames médicos anuais nos voluntários e, a cada dois anos, entrevistavam não apenas eles, mas familiares e amigos.

Tudo para descobrir o que é felicidade.

Qual foi a conclusão?

Independentemente de condição econômica, cidade ou país, sucessos ou fracassos profissionais, o fator que uniu voluntários felizes foi a qualidade de suas relações.

Quanto mais saudáveis os relacionamentos, mais felizes.

Resultado: a felicidade depende da qualidade de nossos relacionamentos.

Mas não foi só isso que a pesquisa demonstrou.

Quanto melhores os relacionamentos, maior a saúde e longevidade dos voluntários.

Ou seja: os participantes com relacionamentos mais harmoniosos também eram os mais saudáveis. E os que, em geral, viviam mais tempo.

Como sempre digo e repito:

Saber viver é saber conviver.

E saber conviver pode fazer você viver mais.

CAPÍTULO 03

O QUE É INTELIGÊNCIA SOCIAL?

Se eu disser que Pelé, Einstein e Beethoven são gênios você vai concordar, certo?
Não tem como discordar.
Mas imagine a situação:
Einstein vestindo a camisa 10 da seleção da Alemanha.
Beethoven tentando deduzir a teoria da relatividade.
Pelé compondo uma sinfonia.
Não daria certo.
Não quero soar preconceituoso, mas você deve concordar que Einstein não tinha pinta de boleiro.
E o maior sucesso musical do Rei Pelé, é o refrão:
"ABC, ABC/Toda criança tem que ler e escrever."
Não parece uma rima genial.

O fato é que os três são gênios que revolucionaram o mundo.

Mas cada um com sua habilidade.

Os estudos que apontam a inteligência social como a nova ciência das relações humanas só foram desenvolvidos há relativamente pouco tempo.

Até os anos 1980, só existia uma forma cientificamente aceita de medir inteligência: o quociente intelectual (QI).

O teste de QI mede o que entendemos hoje como habilidade lógico-matemática.

Até então, essa inteligência era o padrão universal para definir alguém como genial, muito inteligente, razoavelmente inteligente, pouco inteligente ou oligofrênico.

Essa realidade mudou em 1983, com os estudos liderados pelo psicólogo e neurocientista norte-americano Howard Gardner, da Universidade de Harvard.

A publicação de *Estruturas da Mente: a teoria das inteligências múltiplas* revolucionou o conceito de inteligência.

O livro derruba a tese de que a inteligência humana se resume ao quociente intelectual, ou seja, à capacidade de resolver questões lógico-matemáticas. Gardner e sua equipe dividiram as inteligências humanas em, atualmente, nove categorias:

Lógico-matemática, emocional, social, linguística, espacial, corporal-cinestésica, existencial, naturalista e musical.

Lionel Messi, Michael Jordan, Serena Williams e Usain Bolt, por exemplo, têm alta inteligência corporal-cinestésica, a capacidade de coordenar movimentos.

Albert Einstein, Stephen Hawking, Galileu Galilei e Nikola Tesla são gênios lógico-matemáticos.

É no contexto desta revolução que surge o conceito de inteligência social, a capacidade de se conectar, exercer empatia, entender as pessoas e conquistar a cooperação delas.

Segundo Gardner, é a inteligência que une grandes líderes, comunicadores, personalidades políticas, vendedores e negociadores, por exemplo.

Personalidades como Silvio Santos, Oprah Winfrey, Napoleão Bonaparte, John F. Kennedy, Cleópatra, Martin Luther King Jr. e Barack Obama são exemplos de pessoas com alta inteligência social.

São personagens carismáticas que influenciaram e continuam influenciando milhões.

Além de Gardner, outro estudioso ganhou destaque nos estudos da inteligência a partir de 1995: o psicólogo e jornalista científico Daniel Goleman.

Goleman criou os conceitos modernos de inteligência emocional e inteligência social, que ele define como "a nova ciência das relações humanas".

Seu livro *Inteligência Emocional*, de 1995, fundou o conceito de inteligência emocional e revolucionou os estudos sobre o comportamento humano. Neste livro, o psicólogo discorre sobre as habilidades sociais como capacidades próprias da inteligência emocional.

Porém, em 2006, com a publicação de seu best-seller *Inteligência Social: a nova ciência das relações humanas*, Goleman classifica a inteligência social como uma nova disciplina neurocientífica.

Mesmo não sendo taxativo, Goleman sugere ao longo da obra que a inteligência social é fruto da inteligência emocional.

O que apresento neste livro é uma inversão na ordem dos fatores desta operação. O que molda nossa inteligência emocional é nossa inteligência social, e não o contrário.

Também em 2006, o escritor norte-americano Karl Albrecht publicou outro livro sobre o mesmo o assunto: *Inteligência social: a nova ciência do sucesso*.

Ele já defendia que ter inteligência social seria decisivo para o sucesso ou fracasso profissional de qualquer pessoa num futuro próximo.

Sua definição de inteligência social é sucinta:

Inteligência social é a habilidade de se relacionar com as pessoas e conquistar a cooperação delas.

Esse futuro que Albrecht previu chegou.

Nunca foi tão decisivo saber se relacionar e cativar a adesão das pessoas como agora, simplesmente porque estamos perdendo essa capacidade.

De qualquer forma, inteligência social sempre foi determinante para o sucesso evolutivo de nossa espécie.

Essa inteligência e natureza sociais possibilitaram que os humanos se tornassem a espécie mais bem-sucedida do ponto de vista evolutivo.

Em *Sapiens - uma breve história da humanidade* (2014), um dos principais pensadores da atualidade, o historiador israelense Yuval Harari, demonstra que esse sucesso está diretamente ligado à capacidade de nos organizarmos coletivamente.

Mas, como disse, estamos perdendo a inteligência que nos fez chegar até aqui.

Pesquisas apontam um déficit mundial de inteligência social em razão do uso massivo da tecnologia. Ficamos confortáveis conversando através de uma tela, mas não sabemos interagir "olho no olho".

Ao perder habilidades sociais, perdemos oportunidades.

Somos seres sociais e sempre seremos. Ponto.

Ninguém faz nada sozinho. Ponto.

É preciso saber entender as necessidades alheias, criar conexões e alinhar interesses. Ouvir e observar.

É preciso empatia para procurar entender as pessoas que estão ao redor.

Empatia não é exatamente se colocar no lugar do outro.

Apesar de muitos definirem dessa forma, não é isso.

Empatia é justamente reconhecer que você, por melhor que sejam suas intenções, *não* tem a capacidade de se colocar verdadeiramente no lugar do outro. É impossível enxergar o mundo com os olhos dos outros.

O que fazemos é enxergar o mundo do outro com nossos próprios olhos, com o que *supomos* ser os olhos dele.

Empatia, então, é um exercício de humildade.

De reconhecer que apenas o outro pode sentir o que está sentindo. E que nosso esforço de entender verdadeiramente as pessoas, ou sentir o que sentem, é não apenas limitado como, na maioria das vezes, impossível.

Por mais que você tente "entrar na cabeça de alguém", sua vida, suas vivências, seu olhar, sua cabeça são exclusivamente dessa pessoa. E a ideia que muitos têm de empatia, apesar de bem-intencionada, é irreal por esse motivo.

Enxergamos o mundo com o que nossos olhos supõem que sejam os olhos do outro. E isso pode também nos levar a ter ideias erradas sobre a visão dele.

Podem nos levar a subestimar ou superestimar o que a pessoa está comunicando.

Cada um lida com o luto de um jeito.

Digamos que fulano tenha sofrido muito, e entrado em depressão profunda com a morte de um familiar. Foi um desastre, não se conformou, sentiu culpa.

Mas sicrano enxerga a morte com outro olhar.

Ele está, sim, sofrendo, mas tem uma sensação de que o familiar perdido teve uma vida feliz e plena. E de que a morte realmente é uma passagem. Ele acredita que a vida é efêmera, e que seu familiar perdido cumpriu seu destino.

Quando os dois se encontram, a tendência é de que o primeiro projete sua própria experiência traumática sobre o outro, imaginando que seja a mesma que teve.

Neste caso, ele está superestimando a dor do outro.

Entende?

Mas o que é, de fato, empatia?

Em primeiro lugar, é ter consciência dessa limitação. Em segundo, é se esforçar para, apesar disso, tentar ao máximo ouvir e compreender o ponto de vista e experiência do outro, sabendo que não é a mesma que a sua.

Não é necessariamente um sentimento, é uma atitude. Uma escolha de ouvir e estar aberto, tendo ciência dos preconceitos ou ideias pré-concebidas que você pode ter, e procurando racionalmente deixá-las de lado.

Claro que, entre amigos ou familiares, entre pessoas muito íntimas, é possível sofrer ou se alegrar junto da pessoa. É possível sentir a dor de uma perda como se fosse sua, sim.

Mas, na maioria das situações que vivemos diariamente, empatia é mais uma prática do que um sentimento.

Uma prática que envolve, principalmente, ouvir de verdade e respeitar profundamente o próximo.

Esse esforço, praticado de acordo com as leis da inteligência social, permite que você se conecte com autenticidade. E faz com que a pessoa se sinta vista, compreendida e ouvida.

Sem inteligência social, estamos destinados a uma existência de possibilidades limitadas.

CAPÍTULO 04

A VIDA TEM ATALHOS

Você já deve ter ouvido alguém dizer que não existem atalhos na vida.

Ou que não existe atalho para o sucesso.

Já ouvi esse ditado algumas vezes e, durante muito tempo, acreditei nele.

Mas minha experiência me provou que isso não é verdade.

O que são esses atalhos?

Quais os atalhos para o sucesso?

Imagine a seguinte situação:

Você foi teletransportado até o centro de um labirinto quilométrico.

Você nunca esteve lá. Não sabe se é do tamanho de uma praça, de um campo de futebol ou de uma cidade: tudo o que enxerga são muros altos e o céu.

Se conseguir encontrar a saída, terá todos os seus desejos realizados.

O que você não sabe é que o labirinto é gigante e que a tarefa pode levar anos.

Anos dando de cara com becos sem saída e trilhando rotas erradas. Anos perdidos andando em círculos.

Não existem atalhos subterrâneos ou formas de escalar os muros. Nem placas, pistas ou mapas.

Você está sozinho.

A questão é:

E se você *não* estivesse sozinho?

Se houvesse outros há mais tempo que você?

Gente que já errou e acertou, que conhecesse, cada um, uma parte do todo? Com quem pudesse trocar informações?

Pessoas que também poderiam realizar seus próprios desejos na saída.

Entendeu onde quero chegar?

Existem muitos e muitos atalhos na vida. A vida está cheia deles.

Diria que atualmente existem por volta de oito bilhões de atalhos.

Os atalhos são as pessoas.

Ninguém conquista nada sozinho.

Todos precisamos da cooperação e colaboração dos outros.

Cada nova pessoa que conhece, cada vínculo criado é um atalho. E a inteligência social lhe permite acessar esses atalhos.

Muita gente quebra a cara desperdiçando energia, tempo e recursos trilhando o caminho mais longo por acreditar que o sucesso depende apenas de seu próprio esforço.

Não é assim que a coisa funciona.

Veja bem, não estou minimizando o mérito do esforço pessoal ou a importância do trabalho duro.

Não é isso.

O que estou dizendo é que um general, por mais brilhante que seja, não ganha uma guerra sozinho.

E se você quer chegar mais rápido, vá com quem já conhece o caminho ou pode te dar uma carona.

Viver é conviver.

É saber conviver.

Agir é interagir. É saber interagir.

Nossas ações envolvem pessoas, gostemos disso ou não.

Pessoas são os portais de possibilidades e oportunidades.

Saber se relacionar é poderosíssimo.

No mundo corporativo, os que dominam inteligência social e entendem estes atalhos são os conhecidos "bons de *networking*".

Conhecer as pessoas e saber como funcionam abre portas. E quanto mais portas abrimos, mais aumentamos nossas chances de conseguir o que queremos.

Tem mais.

Saber lidar com esses atalhos também pode te ajudar a antecipar o futuro.

Como?

Com exceção dos fenômenos naturais, tudo o que acontece no mundo é resultado de ações e interações humanas.

Entender como as pessoas agem, reagem e interagem te possibilita antecipar o resultado da ação delas. Permite que você preveja as consequências de suas atitudes e se prepare.

É dessa forma que muitas empresas antecipam tendências: entendendo as pessoas, antevendo suas necessidades e observando comportamentos.

Há profissionais especializados em pesquisar tendências. Eles enxergam, hoje, como as pessoas vão se comportar no futuro.

Antecipar tendências envolve saber ouvir e exercitar empatia para entender a cabeça dos outros. E, assim, prever quais serão suas necessidades e desejos amanhã.

Quem se antecipa larga na frente.

E se você larga na frente e ainda conhece atalhos...

AS 28 LEIS
DA INTELIGÊNCIA SOCIAL

Absorvendo estas 28 leis você verá suas interações se transformando na sua frente. E, como consequência, a sua vida também.

Essas leis são baseadas em conceitos multidisciplinares para se conectar, conquistar, comunicar e convencer pessoas. É o que chamo de *social hacking*.

Dominar esta mentalidade e estas leis é o que vai te transformar em um *social hacker*.

LEI 1

USE A TRÍPLICE DA INTELIGÊNCIA SOCIAL

Você vai entender de onde vem o poder "sobrenatural" das leis da inteligência social.

Digo "sobrenatural" porque algumas, de tão eficazes, parecem milagrosas. Na realidade, essas leis são absolutamente naturais, e você vai entender *como* e *por quê* funcionam.

Realmente, alguns resultados parecem inacreditáveis. Sem exagero.

E soam incríveis porque, apesar de simples e acessíveis, esses princípios produzem resultados que você nunca imaginou.

Quanto mais incorpora esses fundamentos, mais entende a mente humana e usa esse conhecimento a seu favor.

Desde criança sou questionador.

Toda criança é assim, mas eu era insaciável. Sempre fui aquele chato que pergunta sobre tudo e não sossega até conseguir respostas.

Todos nascemos espontâneos e criativos. Porém, as certezas que acumulamos ao longo dos anos acabam nos transformando em sabichões cheios de respostas. Deixamos de questionar e nos apegamos a essas "certezas", que também têm seu valor.

Sem certeza e convicção não há confiança, mas sem incerteza não há descobertas.

É preciso saber caminhar sobre essa linha.

Quanto mais sabemos, mais percebemos que sabemos pouco.

Parece um paradoxo.

Mas imagine a situação:

Um arqueólogo abre um buraco no quintal e encontra uma caneca.

Ele descobre que a caneca é do século 15.

Decide cavar mais e encontra, em vez de canecas, um tijolo. Vai mais fundo e descobre que o tijolo é a ponta de uma pirâmide, e que, debaixo dessa pirâmide, há outra.

Ele acreditava conhecer o próprio quintal até começar a cavar. E, quanto mais cavava, mais o conhecimento que imaginava ter parecia pequeno diante do que descobria.

Entende onde quero chegar?

Se ele não tivesse questionado o que havia debaixo de canecas, não teria encontrado pirâmides.

Por isso, procuro refletir sobre o que tomamos como "certezas". Em especial, sobre ditados populares e frases prontas.

Gosto de questionar as pílulas de sabedoria, ou de falta de sabedoria, que engolimos sem pensar.

O fato é que existem ditados bons e ditados ruins.

"O mundo dá voltas" é um ditado bom porque está certo, tanto literal quanto metaforicamente.

Do ponto de vista literal, é verdadeiro dizer habitamos um planeta que dá voltas em torno do Sol. No sentido figurado, é verdadeiro dizer que umas vezes estamos por cima e, outras, por baixo.

Ninguém fica no topo o tempo todo, assim como ninguém fica no fundo do poço o tempo todo.

Como espécie, podemos dizer que nós, humanos, estamos por cima. Chegamos ao ápice da cadeia alimentar.

Mas nem sempre foi assim.

Já estivemos por baixo.

Os humanos passaram milhões de anos fugindo para não virar presa. Éramos caçados a torto e a direito por predadores.

Até que, um dia, após milhares de anos ralando, nos tornamos inteligentes e dominamos a Terra.

Claro que não foi exatamente assim. Mas resumindo é isso.

Um fato é que o surgimento da inteligência racional só foi possível porque nossos instintos garantiram, em primeiro lugar, nossa sobrevivência.

Ninguém fugindo de um leão consegue encontrar a raiz quadrada de nada.

Outro fato é que hoje, mesmo sendo mamíferos vaidosos que jantam em restaurantes e viajam ao espaço, para nosso cérebro, ainda habitamos selvas cercadas de predadores.

Por que conto essa história?

Na verdade, essa pré-história...

Primeiro porque, apesar de ser uma ciência recente, a inteligência social já garantia nossa sobrevivência milhões de anos antes do surgimento da razão.

Sobrevivemos como espécie por causa de nossas habilidades sociais. Somos seres sociais porque nossa existência exigia que fôssemos, e exige até hoje.

Segundo porque as leis da inteligência social funcionam, justamente, porque somos profundamente sujeitos a três desses instintos sociais primitivos:

Necessidade, similaridade e reciprocidade.
Eles formam a *tríplice da inteligência social.*
Juntos, funcionam como um círculo, como uma cadeia de ações e reações. Um instinto ativa o outro, que ativa o outro.

Para estabelecer conexões socialmente inteligentes, precisamos, em primeiro lugar, entender que as necessidades determinam nossa natureza. Somos motivados por elas. Estamos constantemente tentando satisfazê-las.

Conhecer o poder desse instinto pode ser a diferença entre sucesso e fracasso em qualquer interação. Especialmente na persuasão ou em negociações.

Todos temos necessidades porque os recursos, de qualquer natureza, são escassos. A única coisa realmente abundante na vida é, justamente, nossa lista de necessidades insatisfeitas.

A questão é que:

Uma interação vantajosa.

Uma conexão harmônica.

Um relacionamento profissional, pessoal, amoroso ou sexual bem-sucedido.

Dependem todos da satisfação da necessidade mais importante para o *outro*.

E a necessidade mais importante para o outro pode ser completamente diferente da que importa para *você*.

Você precisa saber identificá-las como um *sniper*.

É aí que a situação complica.

Dentro da lista enorme de necessidades humanas, de quais estamos falando?

Como entrar na cabeça de alguém e entendê-lo de verdade?

Basta perguntar?

Seria fácil se as coisas fossem assim, mas as pessoas não são tão simples.

Dizem uma coisa e querem outra. Muitas não sabem o que querem e muito menos expressar o que querem. Você precisa aprender a ler entrelinhas e sinais inconscientes.

Várias das leis que explico neste livro vão te ajudar nesse processo.

Mas, por enquanto, *minha* necessidade é que você entenda o seguinte:

Primeiro: identificar o que os outros querem é essencial para criar vínculos e ativar o círculo da tríplice.

Reconhecendo necessidades você se conecta com similaridades, que ativam reciprocidade.

Segundo: todos temos as mesmas necessidades, mas cada pessoa dá valor diferente para elas.

Terceiro: inteligência social é a chave para entender o que o outro precisa.

Isso é mais simples dizendo do que fazendo.

Em 1943, o psicólogo norte-americano Abraham Maslow formulou a teoria, aceita até hoje, da *Hierarquia de Necessidades*.

Maslow separa as necessidades humanas em seis categorias, das mais básicas às mais sofisticadas, e defende que a satisfação delas segue uma ordem.

Por exemplo:

Alguém que não come há duas semanas não está pensando em satisfazer o ego. A prioridade é se alimentar e sobreviver.

De acordo com o psicólogo, as necessidades humanas são, das mais urgentes para as menos urgentes:

1. Sobrevivência: alimento, água, sono, repouso, conforto físico, saúde.
2. Segurança: integridade física e psicológica, segurança contra violência, estabilidade financeira.
3. Sociais: pertencimento a um grupo, ser aceito, ter relações íntimas e pessoais, família, amigos, colegas de trabalho, parceiros sexuais.
4. Estima: ego, status, reconhecimento e respeito dos outros, orgulho próprio.
5. Autorrealização: realizar o potencial, sonhos, ideais e objetivos de vida. De tocar em uma banda a morar no Caribe.
6. Transcendência: necessidade de existir além da experiência terrena e material. Espiritualidade, altruísmo, conectar-se com a natureza e o Universo.

Conclusão:

Nossas motivações são muitas, e cabe a você avaliar qual acerta o outro em cheio. Qual você vai satisfazer, negociar ou ativar, para se conectar e persuadir.

Não apenas no atual estágio de vida dele. Mas no exato momento da interação.

Questione-se:

A pessoa precisa de dinheiro para sobrevivência?

Quer status?
Aceitação?
Amizade?
Ser ouvido?
Ser reconhecido?
Admirado?
Ter o ego massageado e receber tapinha nas costas?
Vou dar um exemplo bem simples:
Você está com vontade de sair com a namorada para beber umas cervejas. Ela não gosta de beber, mas curte comida japonesa.
Convide-a para um restaurante japonês. E peça sua cerveja.
Concentre-se no que *ela* quer, e todos saem ganhando.
Outro exemplo:
Você precisa de um investidor para seu negócio, e está numa reunião com um sujeito milionário.
Não adianta chegar com o discurso de que ele vai ter retorno. Você precisa entender o que ele, de fato, quer.
Pessoas que já têm muito dinheiro recebem propostas como essa todos os dias.
Há milionários que querem ser famosos, reconhecidos na rua, por exemplo. Ou que desejam bancar um projeto que os satisfaça de outra forma, não apenas financeiramente.
Pode ser que ele só pense no retorno? Sim, mas em qualquer negociação, nem sempre o dinheiro é a moeda principal.
Talvez a motivação dele tenha a ver com ego ou imagem pública. Talvez queira fazer parte de um círculo. Ver as própria fotos na coluna social ou ter seguidores. Ser admirado pelos filhos.

Como satisfazer essas **necessidades**?

Imaginar que os outros reagem às situações da mesma forma, e que valorizam o mesmo que você, é um erro de atribuição.

Empatia envolve inversão de papéis.

Colocar-se no lugar do outro é impossível, mas entender seus temores, motivações, as pressões que sofre e suas fontes de satisfação é o que os socialmente inteligentes sabem fazer.

Quem ele ouve para tomar decisões?

Por que está relutante em fechar negócio?

O que ainda não consegui enxergar?

O que ele está me dizendo, sem dizer, nas entrelinhas?

Bens não materiais são mais valiosos do que supomos. Dinheiro é apenas uma de muitas moedas.

Lembre-se: o mundo é mais irracional do que racional.

Não somos seres racionais que têm emoções. Somos seres emocionais que têm racionalidade.

O cérebro é uma máquina complexa tanto de racionalidade quanto de intuição. Nosso chamado cérebro reptiliano continua primitivo e instintivo.

Identificada a moeda mais importante para o outro, você deve ativar o segundo instinto da tríplice: **similaridade**.

Milhões de anos atrás, enfrentar desafios naturais e sobreviver exigia enxergar o outro como extensão de si próprio.

Podíamos abater animais cada vez maiores desde que não agíssemos como indivíduos, mas em cooperação. Podíamos nos proteger se atuássemos como um único organismo coletivo.

UM ORGANISMO SOCIAL UNIDO PELA SIMILARIDADE.

- Se você tem cabeça, tronco e membros;
- Se sua cria mama;
- Se anda apoiado sobre duas pernas;
- Se nasceu na minha tribo;

Somos iguais! Pertencemos ao mesmo grupo!

Conectamo-nos melhor com quem julgamos iguais ou parecidos. Se geramos um senso de pertencimento, criamos um vínculo.

Inconscientemente, somos propensos a criar esse vínculo com alguém que aja ou pareça, por exemplo, com nossa mãe, pai, irmão, amigos ou mesmo conosco.

Somos tão atraídos por similaridade que nos identificamos até com quem tenha o nome parecido com o nosso, ou que partilhe de nossas visões.

Os homens e mulheres das cavernas e seus descendentes, ou seja, eu e você, temos em comum a necessidade de pertencer ao grupo.

Esse instinto de pertencimento continua enraizado nas relações humanas.

Ser rejeitado dói.

Não ser aceito machuca.

Até mesmo situações triviais, como ser bloqueado ou não ter *likes* nas redes sociais, causam ansiedade.

Não é sofrido à toa.

Essa ansiedade só demonstra o quanto esses instintos ainda se sobrepõem à racionalidade. Sabemos, racionalmente, que levar um fora não mata ninguém.

Mas machuca.

Temos necessidade de ser aceitos, de fazer parte do grupo e conviver socialmente porque, na nossa cabeça, inconscientemente, rejeição ainda é sinônimo de morte.

Nem precisa voltar muito longe.

Até poucos séculos, dependendo de onde você vivesse, ser excluído da comunidade era praticamente uma sentença de morte.

Há alguns milhares de anos era, de fato, uma sentença de morte.

O banimento da tribo significava que você teria de sobreviver, sozinho, à selvageria da natureza. Antes de termos dominado o fogo, seria você, munido de um pau com uma pedra lascada na ponta, contra a selva feroz.

A não ser que fosse o Super-Homem ou a Mulher-Maravilha do Paleolítico, não duraria uma semana.

Como podemos usar esse instinto a nosso favor nas interações?

Conhecendo as pessoas com quem nos conectamos, entendendo suas necessidades com empatia e, assim, descobrindo similaridades.

Não importa quão diferente o outro seja de você, sempre há pontos em comum.

Esses pontos similares, ainda que aparentemente frágeis, são suficientes para criar um ambiente de sintonia. Não subestime a mínima afinidade que seja. A necessidade que temos de criar vínculos é maior do que imaginamos.

Você pode ativar similaridades com assuntos em comum, como a cidade onde nasceu, time do coração, opiniões, *hobbies*, lugares que frequenta, bairro onde mora, amigos em comum.

Pode se conectar também com *inimigos* em comum.

Despertamos familiaridade não apenas quando gostamos, mas também quando *não gostamos* de coisas semelhantes. Esse "inimigo comum" não precisa ser algo que desperte grandes emoções. Pode ser um assunto trivial:

O preço da gasolina, o frio demais, o calor demais, o atacante que perdeu o pênalti ou a salada de beterraba.

Criando ambientes de similaridade, ativamos um outro instinto, o terceiro no tripé da inteligência social: **reciprocidade**.

Diferentemente do que muitos pensam, reciprocidade não é uma convenção.

Quando você retribui um favor, não está cumprindo um papel social.

Está agindo por instinto.

Há milhões de anos a reciprocidade garante segurança e coesão de grupos sociais.

Quando éramos homens e mulheres das cavernas, por exemplo:

"Cuido dos seus filhos enquanto você caça, e você cuida dos meus quando eu sair para pescar."

"Divido minha pesca caso você volte de mãos vazias, e você compartilha sua caça quando o mar não estiver para peixe."

A colaboração recíproca gerava um ciclo de confiança mútua. E gera até hoje.

Por isso é importante despertar bons sentimentos.

Eles voltam para você.

Esse é o ciclo que fundamenta a inteligência social:
- Descubra motivações e necessidades.
- Procure pontos em comum.
- Desperte reciprocidade.

LEI 2
USE A VIA MAIS RÁPIDA

Conexão *não* é um processo racional. Não é matemática.

Você não tem sucesso em uma interação conectando-se com a racionalidade de alguém, mas com instintos e emoções.

A pessoa escolhe conectar-se com você, mas essa escolha não é racional.

Existem duas vias mentais que ditam nossas decisões. Desenvolver inteligência social envolve a construção de uma nova mentalidade e atitude.

Essa nova mentalidade envolve valores e princípios socialmente inteligentes.

Você vai reprogramar seu pensamento.

Essa nova atitude envolve a aplicação de conceitos.

Você vai reprogramar seu comportamento.

O primeiro passo para desenvolver uma mentalidade socialmente inteligente é entender como tomamos decisões.

Como as pessoas nos julgam?

Como julgamos as pessoas?

Por que gostamos de alguns e não de outros?

Isso é decidido por meio de duas vias mentais. Há dois sistemas cerebrais que atuam de forma independente na tomada de decisões:

A via racional, que é a via lenta.

E a via intuitiva, que é a via rápida.

Esse pressuposto é fundamental para entender como agimos e reagimos, como e por que escolhemos isso e não aquilo. Como nosso cérebro *realmente* toma decisões.

O estudo sobre as vias mentais é tão revolucionário que rendeu o Prêmio Nobel de Economia ao israelense Daniel Kahneman, em 2002. Seu livro *Rápido e Devagar - Duas Formas de Pensar* é resultado de décadas de estudos cognitivos e referência mundial em economia comportamental.

Não vou explicar como isso funciona do ponto de vista da neurociência. O objetivo do livro não é te transformar em neurocientista, mas em um *social hacker*.

Então, ao que interessa.

- A via racional/ lenta

A via racional, como o nome sugere, é acionada pela linguagem e racionalidade. Está ligada à nossa capacidade de raciocinar de forma puramente lógica.

Está no nível da consciência, das decisões racionais que tomamos. Exige reflexão, avaliação de variáveis, abstração e análise crítica. Por isso é considerada lenta.

Basicamente, é a capacidade que nos difere de todos os outros animais.

Do ponto de vista da criação de vínculos pessoais, é uma via de comunicação menos importante. Nesse contexto, a via rápida/ intuitiva é muito mais decisiva.

- A via rápida/ intuitiva

A via rápida é mais antiga do ponto de vista evolutivo. É o nosso cérebro intuitivo e emocional.

Nesse sentido, reagimos como outros animais.

A maioria de nossas decisões no dia a dia é baseada nessa via, que é rápida porque dispensa um processo longo e lento de raciocínio.

UM EXEMPLO:

Você está caminhando na rua com seus fones de ouvido e vê uma multidão desesperada correndo na direção contrária.

O que você faz?

Você corre.

Não precisou raciocinar, não verificou informações, não fez cálculos probabilísticos para refletir sobre qual atitude tomar.

Primeiro você corre, e só depois descobre o que estava acontecendo.

Por quê?

Porque seu cérebro rápido usou um atalho para tomar a decisão. Seu instinto de sobrevivência foi imediatamente acionado.

Não há tempo a perder com reflexões quando nossa vida está, ou parece estar, em jogo. Só há tempo para agir. O coração acelera para irrigar os músculos. Você obtém mais força e energia com a adrenalina, que minimiza a dor e o cansaço.

Em uma situação extrema, seu corpo se transforma em uma máquina cuja única missão é sobreviver.

Dei um exemplo extremo que ilustra porque a via instintiva é rápida.

Mas esse mecanismo instintivo, ativado em contextos de luta ou fuga, também está presente nas decisões que tomamos diariamente.

É o mesmo aparato mental que nos induz a comprar por impulso, por exemplo.

Fazemos isso toda hora: compramos pela via rápida e, depois, usamos a via lenta para *justificar* nossa compra.

Quem nunca cogitou comprar um conjunto de facas que, segundo a propaganda, corta até concreto? Para que uma faca que corta concreto se você vai cortar tomate?

Ou foi ao *shopping* e voltou com roupas e sapatos que só usou uma vez? Ou nunca usou?

Não precisa se sentir culpado: é assim que todos funcionamos. Uns mais e outros menos, mas humanos agem assim.

Não somos tão racionais como pensamos. Como já disse, somos seres emocionais que têm um cérebro racional, e não o contrário.

Compramos por impulso porque usamos a via rápida.

Esse mesmo atalho instintivo é responsável por nos conectar, ou não, com os outros.

Sabe quando sente que o "santo bateu"?

Quando vai com a cara de alguém? Ou quando alguém vai com sua cara mas não sabe explicar o porquê?

Trata-se de uma sensação intuitiva de similaridade, ativada pela via rápida.

Você acaba de conhecer alguém que chega sorridente e falante, te cumprimenta com um abraço e diz que te ama.

Mas lá no fundo você sente algo estranho.

Alguma coisa não parece certa.

É a voz da intuição.

Quando alguém só te diz "oi" e você vai logo com a cara, também é a voz da intuição.

Nosso cérebro julga alguém que acabamos de conhecer em menos de um décimo de segundo. É um processo inconsciente, inevitável e intuitivo.

Intuição não é um fenômeno místico.

Muitos não reconhecem esse poder por acreditarem, de maneira errada, que intuição não tem base científica.

Mas o que chamamos de intuição é, na realidade, resultado das reações de um sistema primitivo, não verbal, que desenvolvemos há milhões de anos e apenas recentemente tem sido estudado.

Se o cérebro tivesse de gastar energia para refletir, reunir informações e considerar variáveis para cada decisão que tomamos, provavelmente ele travaria, pararia de funcionar ou algo do tipo.

Você precisa acessar emoções, instintos inconscientes, sentimentos e necessidades das pessoas para se conectar.

Precisa emitir "sinais invisíveis" à intuição delas, deixando-as propensas a te aceitar e cooperar. Esses sinais são invisíveis porque ativam o inconsciente, e não o racional.

Desenvolver inteligência social é saber conquistar com emoções positivas que você desperta através da via rápida de cada um. É fazer com que os outros tenham uma boa intuição sobre você.

LEI 3
TODO MUNDO TEM QUE GANHAR

Imagine a seguinte situação:

Você e um desconhecido estão em salas separadas, sem comunicação um com o outro.

Ambos terão que dividir cem reais, e apenas um dos dois vai decidir como o dinheiro será repartido. Um cara ou coroa define quem toma a decisão.

O vencedor terá direito de fazer uma proposta de divisão, e caberá ao perdedor aceitar ou recusar a oferta.

Os dois conhecem as regras, e sabem que estão em jogo 100 reais.

Caso o perdedor aceite a oferta de divisão, cada um leva a quantia proposta. Caso o perdedor recuse, ninguém leva nada.

Digamos que você tenha perdido no cara ou coroa, e que a oferta do desconhecido seja de cinco reais para você e 95 reais para ele.

O que você faria?

Mandaria o sujeito para aquele lugar e recusaria?

Ou aceitaria os cinco reais, já que cinco reais é melhor que zero reais?

Se você vencesse no cara ou coroa? Quanto ofereceria?

Esse experimento chama-se *jogo do ultimato*, e já foi realizado em diversas épocas e lugares do mundo, especialmente por economistas comportamentais e psicólogos sociais.

Os resultados não costumam variar de acordo com país ou época, e são curiosos:

Cerca de 65% dos vencedores no cara ou coroa oferecem entre 40% e 50%.

Cerca de 4% oferecem menos que 20%.

Até aí, tudo bem.

O curioso é que mais de 50% dos perdedores recusam uma oferta menor que 20% do valor em jogo.

Por que alguém rejeitaria uma oferta baixa?

Do ponto de vista racional e econômico, não faz sentido. Afinal, cinco, dez, quinze ou vinte reais é melhor que nada, certo?

Ao mesmo tempo, oferecer cinco reais e embolsar 95 também faria sentido. Já que, do ponto de vista estritamente racional, cinco reais seria melhor que nada para o perdedor.

O que esse experimento demonstra?

Que nossas decisões envolvem ego, senso de justiça, emoções e sentimentos. Mais do que razão.

O *jogo do ultimato* evidencia um dos pilares da inteligência social, que é a capacidade de persuadir, negociar e alinhar interesses:

Todos têm que ganhar.

Persuasão é uma relação ganha-ganha.

Quando todos ganham, todos fazem o melhor para obter resultados melhores.

Essa dinâmica também demonstra outro fundamento: ninguém conquista nada sozinho.

É preciso alinhar interesses e ganhar as pessoas porque, em última instância, tudo o que acontece no mundo é resultado de ações humanas.

Com exceção dos fenômenos naturais, claro.

Se ninguém conquista nada sozinho, você precisa saber persuadir. E, para persuadir, precisa saber que todos têm que ganhar.

Na persuasão, empatia é mais importante que poder e força.

Você pode negociar usando uma pistola?

Espero que nunca faça ou tenha feito isso, mas, em tese, sim.

A pistola convence a pessoa a fazer o que você quer. A moeda é a vida dela.

Coação, porém, não é a melhor forma de persuadir. Gera sentimentos de revanche e retaliação. Seu objetivo deve ser fazer o outro enxergar um ganho na sua proposta.

Se ele não consegue enxergar esse ganho, cabe a você demonstrá-lo. Sem oferecer um ganho não é persuasão. É manipulação.

Existe uma diferença grande entre manipular e persuadir.

Manipular é induzir o outro a acreditar que está obtendo um ganho inexistente. Apelar para que aceite algo que, no fim das contas, acabará em prejuízo.

Em uma palavra, é enganar.

Cedo ou tarde, as pessoas percebem a manipulação. E a confiança que tinham em você se transforma em ressentimento.

Sem confiança mútua não há conexão, relacionamento ou negociação.

A base da persuasão é um bom relacionamento. E boas relações requerem confiança.

Cooperar é melhor que competir porque envolve empatia e confiança. No caso do jogo do ultimato, oferecer 40 ou 50% é melhor que oferecer 10%.

Isso porque todos devem não apenas ganhar, mas *sentir* que estão ganhando.

O filme *Uma Mente Brilhante* conta a história do economista ganhador do Nobel que provou, matematicamente, que cooperar traz mais resultados que competir. Em qualquer ambiente ou contexto.

John Nash refutou uma das teses principais sobre o funcionamento da economia, proposta por Adam Smith, que vigorava como verdade havia 200 anos.

Adam Smith, um dos teóricos mais influentes do capitalismo, defendia que a sociedade progride quando indivíduos competem entre si, em busca de seus próprios interesses.

Nash demonstrou, matematicamente, que resultados melhores são alcançados quando indivíduos perseguem seus próprios interesses e também os interesses dos outros.

Ou seja, quando agem em prol de si mesmos *e também* do grupo.

O vencedor do Nobel provou que o tamanho do bolo aumenta quando as partes colaboram: cada indivíduo obtém mais do que obteria sozinho.

Quando todos ganham, todos colaboram para aumentar o bolo.

Cada um dá o melhor de si, tanto os outros quanto você. Não apenas pela vantagem econômica, mas também do ponto de vista de emoções e sentimentos. Um ambiente de colaboração desperta o melhor de cada um.

Isso não significa que todos vão ganhar, necessariamente, o mesmo. Mas, sim, que *também* vão ganhar.

Pesquisas mostram que, especialmente no mundo empresarial, ambientes competitivos não aumentam o desempenho.

Quase 90% das vezes, funcionários obtêm desempenhos melhores em ambientes colaborativos, baseados em relações *ganha-ganha*, do que naqueles em que alguém tem de perder para outro ganhar, de *ganha-perde*.

Desenvolver inteligência social é assimilar que o melhor para você é o que for o melhor para você e para todos.

LEI 4
SAIBA COM QUEM ESTÁ FALANDO

Provavelmente você já ouviu um sujeito arrogante dizendo aquela velha frase, "você sabe com quem está falando?", geralmente como forma de intimidar o ouvinte.

Não se trata exatamente disso, mas sim sobre a importância de saber o máximo de informações sobre com quem você está interagindo, isso pode determinar o sucesso ou o fracasso dos seus objetivos nesta conexão que está criando.

Sempre que entrevisto alguém, faço uma pesquisa extensa sobre o convidado.

Isso é básico para qualquer comunicador.

Não faço essa pesquisa só para saber o que perguntar. Na maioria das vezes, as informações que recolho não se transformam em perguntas.

Então, por que pesquiso o nome da filha da entrevistada, ou o da mulher do entrevistado?

Se gosta de futebol ou de velejar?

Se tem um cachorro ou se fez uma viagem recentemente?

Porque, como comunicador, sei que preciso me conectar.

Para me conectar, tenho que entender meu entrevistado.

Para que se sinta valorizado, preciso demonstrar que me interesso de verdade por ele, e me conectar com assuntos em comum.

Similaridade, lembra?

Isso é útil em uma entrevista de emprego, por exemplo.

Conhecer o entrevistador ou a empresa é essencial para estabelecer uma conexão.

Quanto mais você souber do que o outro gosta ou não, mais vai acessá-lo.

Antigamente, tínhamos que levantar essas informações conversando com amigos ou familiares da pessoa.

Hoje, com a internet, isso ficou fácil.

Praticamente todo mundo expõe gostos, hábitos e opiniões nas redes sociais.

Mas atenção: a ideia é despertar o instinto da similaridade. Não vá descarregar, de uma vez, tudo o que sabe. O que a pessoa comeu no almoço, para onde viajou nas últimas cinco férias ou o nome dos doze cachorros.

Isso vai soar como coisa de *stalker* maluco.

Coletar informações pode ser a diferença entre receber um "sim" e um "não".

Inconscientemente, os outros nos vêem como pessoas "sim" ou como pessoas "não".

Você também faz isso. Todos fazemos.

E sua chance de ser visto como um "sim" aumenta quanto mais conhece a pessoa com quem interage.

"Quebrar o gelo" é, justamente, mover a interação adiante, para além do desconforto inicial.

Pessoas gostam de falar, não subestime essa realidade. Amam falar sobre si mesmas. Amam falar sobre seus assuntos favoritos.

Então, por que não estimular?

Vão se sentir conectadas se você simplesmente permitir que falem. A conversa parecerá incrível se tudo o que fez foi ouvi-las sobre o que mais gostam de falar.

Para você, não faz diferença ser falante ou expansivo. Pode ter certeza.

Se seu objetivo é cativar, deve engatar um papo que seja, em primeiro lugar, prazeroso para o outro.

Deve não apenas ouvir, mas *demonstrar* estar ouvindo.

O mundo está cheio de distrações, ninguém mais presta atenção em ninguém. Ninguém quer saber de ouvir.

Por isso a atenção é um bem valioso.

O que as empresas querem quando postam um vídeo? Ou quando pensam em uma campanha de marketing?

Em primeiro lugar, querem sua atenção.

Entre milhões de conteúdos, centenas de *posts* e milhares de vídeos que você tem acesso, as companhias querem a *sua* atenção para os dela.

Se você tem uma mentalidade socialmente inteligente, ouvir pode ser tão prazeroso quanto falar. Conhecer pessoas diferentes, criar vínculos e despertar bons sentimentos é prazeroso quando dominamos essa arte.

É como andar de skate, surfar ou andar de bicicleta.

Até que se torne automático e prazeroso, você vai tropeçar aqui e ali. Quando pega o jeito da coisa, tudo flui naturalmente.

Receber atenção faz a pessoa se sentir valorizada, e *você* é a fonte dessa sensação. A satisfação que ela experimenta é atribuída a *você*.

Não só isso.

Ouvir é também uma forma de recolher informações preciosas que turbinam a criação de vínculos.

POR EXEMPLO:

Você levou o *date* ou uma possível parceira de negócios para jantar.

Não importa o contexto, essa lei vale para qualquer interação.

Durante a conversa, o *date* citou o nome dos pais ou a investidora citou o nome da filha.

Uma semana depois, no reencontro, você pergunta como estão os pais ou a filha, chamando-os pelo nome.

Isso causa um impacto poderoso. É cativante.

Significa que você prestou atenção e valorizou o que é importante para ele ou ela. Uma informação simples pode ser a diferença entre levar para casa um "sim" ou um "não".

"Entendi, Elcio, mas como usar essa lei de um jeito natural, sem forçar a barra? Não sou a pessoa mais falante do mundo!"

A receita parece simples. E de fato é: com conversa fiada.

Conversa fiada é coisa séria.

Não subestime essa verdade.

Tudo começa com um *small talk*, aquele papinho furado para quebrar o gelo.

O *small talk* é o ponto de partida para uma conexão: de uma conversinha com a garota na porta da balada ao cafezinho antes uma negociação milionária.

Ao entrar na sala de seu entrevistador, o sujeito que vai definir se você vai ser contratado ou não, observe o ambiente e quebre o gelo com um bom *small talk*.

Ele tem uma foto no topo do Everest?
Um boneco do Darth Vader?
Use isso a seu favor. Pergunte ou faça um comentário.

A maioria das pessoas gosta de adornar a mesa de trabalho. E ninguém decora seu cantinho com algo que deteste, certo?

Se está na sua mesa, é porque você gosta.

Alguns expõem a caneca da série predileta. Outros, a foto dos filhos.

São chamarizes.

Pense bem:

Fazemos isso porque gostamos de nos expressar, de dizer algo sobre nossa essência ou gostos. Mesmo através de objetos.

Se o entrevistador tem uma foto no topo do Everest, ele se orgulha disso. Se tem orgulho, gosta de falar sobre o assunto. Porque, no final, estará falando sobre si mesmo.

Talvez, queira ser visto como alguém que ultrapassa limites. Ou como alguém destemido, que não teme correr riscos.

Cada detalhe é um "convite invisível" à interação. Cabe a você estar atento.

Small talk é coisa séria, e não serve apenas para quebrar o gelo.

A conversa fiada é essencial para criar um "Padrão Sim", um *Yes Set*.

Você vai preparar o terreno para estimular a pessoa a dizer "sim".

E isso nos leva à próxima lei da inteligência social.

LEI 5
FAÇA OS OUTROS DIZEREM SIM

O "sim"...

A palavra mais prazerosa e desejada do dicionário, em qualquer idioma.

No final, seu objetivo em qualquer negociação, em qualquer interação social, é conseguir um "sim". É ser visto como uma pessoa para quem dizem "sim".

Como expliquei na lei anterior, o "sim" abre portas. Significa aprovação e aceitação. Concordância e satisfação.

Todos, conscientemente ou não, estamos em busca de "sims". Porque todos estamos, o tempo todo, conscientemente ou não, negociando.

De pedir para sua filha ir dormir a decidir para onde você e sua namorada vão viajar.

Em qualquer ambiente, as decisões hoje são mais compartilhadas do que eram no século passado. As relações são cada vez mais horizontais.

A instituição do "manda quem pode, obedece quem tem juízo" está ultrapassada.

Não apenas no ambiente profissional.

As ordens incontestáveis, inflexíveis, de cima para baixo, não têm o mesmo poder que já tiveram. Seja nas empresas, em casa, no relacionamento em família e conjugal.

A capacidade de alinhar interesses e criar um ambiente em que todos saiam ganhando define sucesso ou fracasso em qualquer contexto.

Saber negociar e persuadir é a diferença entre um "sim" e um "não".

Porém, quem tem chefe ou subordinado, quem tem cônjuge ou filhos, sabe que essa dinâmica não é simples.

É preciso ouvir buscando entender as necessidades dos outros para chegar ao "sim".

Existe uma forma simples e efetiva de estimular as pessoas a dizerem "sim". Esse princípio *não* dispensa saber ouvir e valorizar as pessoas.

Trata-se do *Yes Set*, ou Padrão Sim.

Já expliquei a importância do papo furado para engatar uma conexão, e da coleta de informações para começar uma *small talk*.

Em uma reunião de negócios, ou em qualquer reunião em que você precise de adesão, a conversa fiada cria um ambiente de concordância, um *Yes Set*.

Esse padrão ativa a via rápida e desperta o instinto de similaridade das pessoas. A similaridade é um dos tripés da inteligência social. Já expliquei isso.

O que você sente quando a pessoa com quem está conversando diz algo com o qual concorda?

Você pensa "estamos na mesma onda", certo?

"Esse sujeito pensa como eu".

Essa sensação de similaridade age derrubando o fator crítico do outro. Relaxa as defesas.

Como?

Sabe aquele "pé atrás" que todos temos, em algum grau, quando conhecemos alguém?

O *Yes Set* ajuda a anular.

Esse condicionamento acontece instintivamente.

Quanto mais concordarem, mais provável será de continuarem concordando e de você conseguir "sims".

Como criar esse ambiente com as pessoas?

Use as informações que recolheu e faça afirmações com as quais ambos estejam de acordo. É essencial iniciar uma conversa com assuntos que demonstrem que os dois estão na mesma página.

Inconscientemente, a pessoa será estimulada a apoiar o que você diz e pensa.

Por isso, é importante que as primeiras palavras que troquem sejam sobre pontos em comum. De preferência positivos.

Comece a interação falando o que a pessoa gostaria de ouvir. Puxe assunto sobre algo com que ela concorde.

Isso é poderoso e gera uma dinâmica de afinidade e sincronia. Esse alinhamento estimula um padrão de concordância recíproca porque nossa intuição trabalha com coerência.

Coerência desperta um sentimento de ordem e conforto.

Neste caso, o comportamento coerente é a pessoa continuar concordando com você depois dessa interação inicial.

Se existe um ambiente de concordância, a discordância soa incoerente, certo?

Inconscientemente, a pessoa vai agir para alinhar o pensamento dela ao seu. Ou, pelo menos, para tentar encontrar pontos em comum diante de uma divergência.

Isso vai acontecer porque você anulou, ou pelo menos minimizou, o fator crítico de seu interlocutor. Criando um *Yes Set*, derrubamos defesas naturais.

Uma questão importante:

Concorde com a pessoa em questões sobre as quais você realmente concorde. As afinidades têm de ser verdadeiras.

Não minta.

Mentira não cola e mina sua credibilidade.

Quando você cria um *Yes Set* transparente e verdadeiro, o caminho fica livre para o "sim".

Com a estrada livre, o objetivo passa ser evitar o "não".

Evitar um "não" parece simples, mas não é bem assim.

O célebre negociador Wiliam Ury, um dos professores que fundou o Programa de Negociação da Universidade Harvard, é um sujeito que, quando fala, você tem de ouvir.

Na década de 1980, ele negociou o acordo entre Estados Unidos e União Soviética, então adversários ferozes, para evitar uma guerra nuclear acidental.

Então, se o apocalipse nuclear nunca aconteceu, muito se deve à capacidade de alinhar interesses de Ury.

O que ele diz sobre persuasão?

Que para conseguir o "sim" das pessoas, basta evitar o "não".

Sabe aquelas crianças chiliquentas que esperneiam quando o pai não compra o que pediu? Que fazem escândalo quando ouvem "não"?

Essa criança chiliquenta existe dentro de cada um de nós.

Podemos não dar chilique, mas, como adultos, esperneamos por dentro quando ouvimos um "não".

Da mesma forma, ninguém gosta de dizer "não".

É difícil. Não é prazeroso.

Ouvir "não" é frustrante porque desperta sentimentos de rejeição. Dizer "não" desperta o sentimento de culpa.

Uma das frases que fazem parte da lista de ditados ruins é "Não custa nada pedir, porque o *não* você já tem".

Mais uma vez: não estou falando de racionalidade.

Estou falando do que realmente importa quando o assunto é relacionamentos e interações: emoção e intuição.

Portanto, não obrigue o outro a ter o dissabor de te dizer "não". Não seja alguém que desperta sentimentos negativos.

Faça sua abordagem, recolha informações e crie um ambiente de concordância. Analise se o ambiente é propício, demonstre que todos saem ganhando, e receba seu "sim".

LEI 6
SEJA UMA FONTE DE PRAZER

Todo mundo tem aquele amigo que é "o chato".
É um sujeito legal. Mas... é chato.
Simplesmente não para de contar as mesmas histórias, de falar sobre si mesmo, de reclamar da vida, da mulher, do trabalho. Interrompe conversas e faz comentários sem noção.
É muito desagradável. As pessoas fogem dele, literalmente.
Ele não percebe o que todos sabem mas não dizem, que é o mala do churrasco.
Com o tempo, alguns deixam de convidá-lo, ou o chamam apenas por educação.
Acho que todo mundo conhece alguém assim!
Por que estou dizendo isso?
Se você quer conquistar os outros, se deseja se conectar e ser querido, não pode nunca ser essa pessoa.
Você tem que ser uma fonte de prazer.
Por que ser uma fonte de prazer é uma lei da inteligência social?
Porque inteligência social é sobre pessoas.
Todos gostamos do que desperta prazer, e todos rejeitamos o que desperta o contrário. Você, eu e mais sete bilhões de pessoas rejeitamos o que é desagradável.

PENSE AQUI COMIGO:

Ninguém gosta daquele sujeito que só reclama, que só enxerga problemas. O pessimista do trabalho, o que enxerga defeito em tudo e todos, o que nunca parece feliz com nada.

Quando você entra em um ambiente, é para contagiá-lo positivamente. Os outros precisam sentir-se bem e à vontade do seu lado.

Agir com entusiasmo, vibrar alto, ser autêntico e natural, e, dessa forma, transmitir autoconfiança, é extremamente sedutor.

Se você for uma fonte de prazer para as pessoas, vai conseguir o que quiser delas.

Nosso estado de espírito muda a realidade, e pode ser tanto uma fonte de prazer quanto de desprazer para as pessoas.

Emoções são altamente contagiantes. Tanto as boas quanto as ruins. Se você transmite bons sentimentos, desperta bons sentimentos.

Bons sentimentos geram prazer.

E isso significa transmitir otimismo e leveza para que as pessoas queiram ficar do seu lado. Sua presença muda o ambiente, as pessoas te olham e te percebem.

Converse com todos, cumprimente com entusiasmo, deixe o seu melhor brilhar.

Lembre-se de que inteligência social é sobre conquista e persuasão. Sobre se conectar, cativar e atrair as pessoas.

Seduzi-las com entusiasmo, histórias e vibração alta é contagiante. Despertar o desejo das pessoas ficarem do seu lado com autenticidade e alegria é sedutor. É gerar nos outros prazer de estar com você.

Sua presença tem que despertar prazer.

O que é prazer?

Prazer é uma explosão neuroquímica detonada por estímulos.

Sentir prazer é experimentar o efeito de substâncias que nosso próprio cérebro fabrica, como dopamina, ocitocina, serotonina e endorfina.

Esses hormônios são uma espécie de "presente" do cérebro, quando fazemos algo que ele considera importante para nossa sobrevivência e manutenção. Esse presente é o prazer.

Quando você desperta prazer nas pessoas, está, literalmente, provocando reações químicas de satisfação nos cérebros e nos corpos delas.

Sendo uma fonte de prazer, você vai naturalmente atrair. Vai ser desejado.

Mesmo de forma inconsciente, vai causar um sentimento de "Nossa, é muito legal estar com esse cara."

"Quero estar no mesmo ambiente que esta pessoa."

"Será que Fulano vai hoje?"

Se conseguir que as pessoas pensem assim de você, vai conseguir o que quer delas com inteligência social.

Se deseja persuadir, deve despertar, no outro, um desejo ardente por estar com você. Se sua companhia for uma fonte de prazer, ele vai buscar a conexão.

E como despertar esse desejo?

Como acender essa fagulha de serotonina e noradrenalina nos outros?

Além de contagiar o ambiente com emoções positivas, você não pode ser previsível ou "comum".

Não se contente com a média.

Seja imprevisível.

Pessoas previsíveis são desinteressantes, não geram curiosidade.

Crie, na relação, uma atmosfera de surpresa, de que tudo pode acontecer.

Seduza a imaginação das pessoas. Faça com que ocupem a cabeça delas com você.

Todos gostamos de boas surpresas.

Filmes, séries, músicas, games e livros, por exemplo, são formas de provocar nossa imaginação.

No fundo, somos todos crianças que se encantam com truques de mágica. Estamos sempre em busca de prazer e satisfação.

E como ativar essa sensação prazerosa de imprevisibilidade?

Existe um conceito na psicologia chamado "transferência de excitação", que envolve um segundo conceito, o de "*misattribution* de excitação".

É mais complexo do que vou explicar, mas, de maneira resumida, é o seguinte:

Nosso corpo reage a um estímulo X, mas nossa mente confunde essa reação como tendo sido causada por um estímulo Y.

É como aquelas pegadinhas de adolescente:

Você cutuca o ombro de um amigo e finge que não é com você. O amigo cutucado pensa que o cutucão veio de outro amigo, e briga com ele.

O cutucão veio de uma fonte, mas achamos ter vindo de outra.

Por esse motivo, medo e prazer podem ser confundidos pelo cérebro.

Por exemplo: pular de paraquedas é aterrorizante ou prazeroso?

Ou as duas coisas?

Nadar com tubarões: medo ou prazer?

Andar de jet-ski ou moto: perigoso ou prazeroso?

Por que você assiste a filmes de terror se dão medo?

Se não despertam prazer, por que tantos são lançados todos os anos?

Se além de medo não dão prazer, por que Stephen King está milionário?

Como, então, nosso corpo confunde uma coisa com outra? Como funciona o "*misattribution* de excitação"?

Em uma montanha-russa nosso coração acelera, as pernas ficam bambas, pupilas dilatam, a pele arrepia.

Nosso corpo reage dessa mesma forma diante do prazer, correto?

Uma volta de montanha-russa provoca reações físico-químicas similares ao prazer sexual.

No caso da montanha-russa, apesar de a resposta corporal ter sido provocada pelo estímulo "medo", atribuímos a reação ao estímulo "prazer", e interpretamos a experiência final como prazerosa.

Um experimento de 1974 demonstrou que homens e mulheres sentiram-se mais sexualmente atraídos por desconhecidos ou desconhecidas logo após terem cruzado uma ponte de suspensão. Uma travessia alta e perigosa.

A excitação provocada pelo medo, durante o percurso, foi confundida com excitação sexual assim que saíam da ponte e encontravam um desconhecido do gênero oposto.

Como aplicar esse conhecimento e se tornar mais desejado?

Provocando situações favoráveis a uma transferência de excitação. Levando a pessoa a acreditar que você, e não a situação, foi a fonte do prazer.

A excitação causada por um salto de paraquedas pode ser transferida para a pessoa que saltou com você. Ou qualquer outro tipo de situação prazerosa que você cause.

Não precisa ser algo necessariamente perigoso.

A reação diante de uma surpresa, uma aventura ou uma atitude imprevisível provoca reações de excitação semelhantes, e serão direcionadas a você.

Você deve ser o parque de diversões aguardado, a pessoa que todos querem encontrar. Essa sensação cola no inconsciente dos outros: "Quando estou com ele é legal!".

Quando pensam dessa forma, as pessoas farão questão de se aproximar e estar ao seu lado.

Se quiser conquistar alguém, faça com que tenham o prazer da sua companhia, crie momentos prazerosos e, de preferência, imprevisíveis.

LEI 7
FAÇA O OUTRO SE SENTIR IMPORTANTE

Trate a todos como gostaria de ser tratado.

Ou "não faça aos outros o que não gostaria que fizessem com você".

Esse princípio é tão universal que é conhecido como "lei de ouro".

Como gostamos de ser tratados?

Com educação, sim. Com respeito, claro.

Isso é o mínimo.

A "lei de ouro" é considerada a base da ética. Desde a antiguidade, é um preceito difundido por várias religiões e estudada por filósofos, como o alemão Immanuel Kant, no século 18.

Mais recentemente, mas nem tanto assim, o escritor americano Dale Carnegie reavivou a importância desse princípio nos relacionamentos. Sua obra *Como Fazer Amigos e Influenciar Pessoas*, de 1936, é um dos livros mais vendidos da história.

Muito antes antes dos estudos sobre inteligências múltiplas, Carnegie já escrevia sobre condutas de inteligência social e sobre como... fazer amigos. E a lei de ouro é o grande fundamento de toda sua obra.

Porém, na prática do *social hacking*, a lei de ouro não basta.

Se você quer conquistar e atrair, se quer ser como um ímã de pessoas, não basta aplicar a "regra de ouro" em suas relações.

Você tem que ir além.

Tratar a todos com respeito é oferecer o básico.

Como você se sentiria se ganhasse um ingresso para o show da sua banda preferida? A entrada mais simples, que seja.

Iria gostar, certo?

É um bom presente?

Com certeza!

Você vai sentir-se grato?

Opa!

Mas imagine se você recebesse o ingresso megaultraVIP, com comida à vontade, bebida gringa de graça, tapete vermelho, praticamente dentro do palco, com direito a visitar o camarim e passe livre para a festa pós-show com a banda?

Muito melhor, certo?

O que era uma maravilha vai se tornar um milhão de vezes maravilha. Uma bomba atômica de maravilha.

É assim que as pessoas devem se sentir com a sua companhia.

Você vai ser respeitado pelas pessoas tratando-as, no mínimo, com respeito? Aplicando a lei de ouro?

Sim. Respeito é recíproco.

Mas seu objetivo como um *social hacker* é tornar-se inesquecível.

É despertar nas pessoas a vontade de te encontrar.

É fazer com que abram um sorriso autêntico assim que te encontram.

É fazer com que pensem em você, que falem bem de você para os outros, que se sintam atraídas e queiram sua presença.

Porque você faz com que se sintam incríveis com elas mesmas.

Para ter esse poder, você tem que entender a "lei de platina", que é: "Faça o outro se sentir importante".

Você não precisa gastar nada para isso. Não é dar presentes caros. Não se trata disso.

Mas de despertar sentimentos memoráveis.

As pessoas podem esquecer o que você fez, mas nunca vão esquecer como se sentiram.

Ser tratado como alguém importante é prazeroso. Ser querido e bem-vindo é memorável.

As leis deste livro não são leis inventadas, como a Constituição ou as leis de trânsito. São leis naturais, como a da gravidade.

O que quero dizer é que todos estamos sujeitos a elas não por convenção, mas por instinto.

Este livro é sobre conquistar as pessoas acionando mecanismos "invisíveis". E fazer os outros se sentirem importantes é um deles.

Resumindo: o prazer de ser valorizado é instintivo.

Como disse na lei anterior: se você conseguir despertar o sentimento, mesmo que inconsciente, de "Nossa, como o Fulano me faz se sentir bem", você ganhou essa pessoa.

Você aciona botões de prazer se, simplesmente, tratar a pessoa com quem está interagindo como importante.

E como você aciona esses botões?

O começo de tudo, o tempo zero, é observar a pessoa e destacar com sinceridade tudo o que você enxerga de melhor nela.

É fazer ela *sentir* a estima verdadeira que *você* tem por ela. Assim, você potencializa o orgulho de ela ser quem é. E faz com que *ela* se estime mais porque *você* a estima.

Para isso, você tem que reforçar sinceramente, destacar de forma honesta o que vê de qualidades verdadeiras na forma que ela age, pensa, se posiciona ou se apresenta.

Esse é o princípio número zero. A linha de largada.

Agora, em primeiro lugar:

Quando estiver interagindo, dedique 100% da sua atenção.

Não pode haver nada mais importante que a pessoa na sua frente. Nem celular, nem relógio, nem fogos de artifício. O alvo de seu interesse pleno é o outro.

Ouça-o de verdade e demonstre estar ouvindo.

Mantenha contato visual, sorria e acene positivamente com a cabeça quando concordar. Parafraseie o que diz para saberem que estão sendo ouvidos e compreendidos.

Parafrasear é simplesmente comentar, nas suas próprias palavras, o que a pessoa está expondo durante a conversa. Isso demonstra que você está ouvindo e compreende o que ela diz.

Aos seus olhos, todos devem ser vistos como VIP.

Quando digo "todos", quero dizer todos mesmo.

Do estagiário ao dono da empresa, do garçom ao chef do restaurante.

Talvez você conheça gente que humilha o faxineiro e bajula o chefe. E, por mais que essas pessoas simulem gostar dos outros, sabemos que não são confiáveis.

Isso não é apenas uma questão de caráter. É também uma questão de imagem, da percepção que as pessoas ao redor têm sobre você.

Somos socialmente julgados pela forma com que tratamos os outros. Esse é um fator primordial na construção de nossa imagem.

Pode ter certeza: se você defende uma coisa e faz outra, vai ser visto como falso ou hipócrita. E esse é um rótulo difícil de sair.

É pior que tatuagem. Aliás, esse é um dos motivos pelos quais nunca fiz uma.

Não adianta viver sorrindo para os colegas e maltratar o porteiro.

É preferível ser um mau caráter assumido que um bom caráter fingido.

É melhor ser um lobo em pele de lobo que um lobo em pele de cordeiro, pelo menos não estará enganando ninguém. E no mínimo verão alguma coerência em você.

EM SEGUNDO LUGAR:

Quando todos te vêem tratando os outros bem, e percebem coerência nas suas atitudes, seu valor aos olhos do grupo aumenta. Credibilidade é algo que os socialmente inteligentes não podem perder. Isso se conquista com verdade e autenticidade.

Você será visto como confiável e bom caráter não apenas pela pessoa que tratou bem, mas por quem está ao redor.

Respeito e confiança são bens não materiais mais valiosos que dinheiro, em muitos contextos.

Em uma negociação, por exemplo, um produto ou serviço nunca são apenas produtos ou serviços.

Se souber valorizar seu interlocutor e criar uma conexão pessoal, sempre vai oferecer mais do que dinheiro. Vai oferecer respeito, conexão, amizade, diálogo, admiração e confiança.

É assim que você faz sua proposta ser especial e se diferencia das outras: trocando mais do que dinheiro. Trocando bens intangíveis, você oferece sentimentos que enriquecem não apenas financeira, mas também emocionalmente.

EM TERCEIRO LUGAR:

Dê o crédito para os outros, ou divida-o com todos.

Quando for elogiado por um trabalho, divida o mérito.

O sucesso de seu trabalho não diminui quando você divide o crédito.

Ele na verdade aumenta.

Além de ter o trabalho reconhecido, você demonstra ser inteligente para reconhecer que, neste mundo, ninguém faz nada sozinho.

Demonstrar gratidão e respeito faz com que ganhe gratidão e respeito.

As voltas do mundo são movidas a reciprocidade.

Quem aceita o mérito sozinho perde crédito.

O ego te deixa cego.

Não reconhecendo a importância dos outros, você ganha o rótulo de arrogante ou deslumbrado. Vira alvo de ressentimento e, pior, de inimizades.

O escritor Sofocleto resume bem:

Nada sai mais caro que um inimigo gratuito.

Evite dar brechas para o surgimento de inimigos. Às vezes, é inevitável, porque nem tudo depende de você.

Muitas vezes, com inteligência, você pode transformar inimigos em aliados. E até em amigos.

Tudo é possível.

O mundo dá voltas: um dos meus maiores amigos hoje já teve uma atitude comigo que seria imperdoável pela maioria das pessoas.

Escolha inimigos com mais sabedoria do que escolhe amigos. Se possível, não tenha nenhum.

Mas, inevitavelmente, se existirem, que sejam poucos, que você possa contar nos dedos da mão esquerda do Lula.

Ter inimigos é andar com um alvo nas costas. Portanto, criar inimizades por falhar em compartilhar o crédito de um sucesso não vale à pena.

Em quarto lugar:

Priorize o que interessa ao outro, e não a você.

Como já disse, conectar-se é mais sobre o outro do que sobre você.

Deixe o outro falar. Ouça. Fale o que ele gosta de ouvir ou sobre o que curte conversar. Pessoas se sentem valorizadas quando falam e são ouvidas.

Chega a ser surpreendente: os outros vão amar a conversa se você apenas deixá-las falar e demonstrar estar realmente interessado.

Quinto lugar:

Aparente ser menos inteligente.

Isso vai contra o senso comum, e por isso esse princípio é especial.

A maioria das pessoas quer parecer inteligente, sendo ou não.

Se querem parecer mais inteligentes, obviamente, detestam parecer menos inteligentes.

Se você se impuser como o mais inteligente da sala, em uma reunião por exemplo, pode estar dando um tiro no pé.

Pessoas realmente inteligentes não precisam demonstrar, e sabem naturalmente identificar inteligência nos outros.

Parecer inteligente demais, ou pelo menos mais inteligente que os outros, pode ter um efeito colateral: você pode ser alvo de inveja e ressentimento. Pessoas dominadas por esses sentimentos querem prejudicar, nunca cooperar.

Acionam o "modo competição".

Vão discordar do que diz e rejeitar seus projetos por te enxergarem como um adversário a ser derrotado.

Mais uma vez: você pode criar um inimigo invisível. É difícil lidar com um adversário que você não enxerga.

Por mais que vença a batalha, deixará um rastro de baixas e feridos. Não é bom entrar numa disputa de egos, seja qual for o ambiente.

Os socialmente inteligentes buscam cooperação, formar alianças, conquistar sintonia com todos ao redor.

Portanto, deixe o ego de lado e não saia exibindo inteligência.

Mas... não é para parecer burro de propósito! É simplesmente não se impor como o mais sabichão.

Quanto mais importantes e valorizadas as pessoas se sentem ao seu lado, mais desejam sua companhia. E mais êxito em suas interações você terá.

LEI 8
FALE A VERDADE

Era véspera de Carnaval na Bahia.

Eu estava em um boteco de madeira a céu aberto, nas ruas de terra de uma favela em Salvador, bancando cerveja barata para mais de trinta desconhecidos.

O calor era infernal.

Naquela noite de verão baiano, as únicas coisas frias eram a cerveja e o cano da pistola apontada contra minha testa.

"Quem é o branquelo que tá pagando cerveja pra geral nessa porra?".

Minha vida dependia da resposta que daria ao sujeito que estava do outro lado do cano.

E se você está lendo essa história, é porque dei a resposta certa.

Como fui parar nessa situação?

A maioria das reportagens sobre Carnaval, na televisão, mostra a festa das celebridades, o luxo dos camarotes e a diversão dos turistas que pagam pequenas fortunas para desfilar.

Mas, como repórter, estava em Salvador para exibir o "lado B" do maior espetáculo da Terra.

Meu objetivo era investigar a dura realidade de quem faz o Carnaval mas não aparece para as câmeras. Dos que trabalham em funções ingratas, sob péssimas condições, praticamente em troca de um lanche, para que a festa aconteça para os endinheirados.

Até aí, tudo bem. Sem grandes novidades.

Era um trabalho que estava acostumado a fazer e minha ideia, naquela favela, era mostrar o dia a dia dos "invisíveis do Carnaval".

Não estava de terno, meu figurino usual de repórter, nem de microfone em punho.

Estava de bermuda, camiseta e chinelo, acompanhado apenas do Raphael "Merenda", meu produtor, e uma câmera portátil.

A proposta era não chamar atenção. Quanto menos artificial fosse minha intervenção, mais autêntica seria a realidade que buscava revelar.

Mas não tinha como esconder que não fazíamos parte daquele lugar.

Por mais que estivéssemos de chinelos, bermudas e camisetas das mais simples, eu e o produtor éramos os únicos paulistas ali.

E também os únicos brancos.

Não demorou muito para formar uma rodinha de curiosos querendo saber quem éramos e o que estávamos fazendo. E... pedindo para pagar "uma cerveja".

E claro que paguei.

Em questão de minutos, a rodinha de cinco curiosos tinha virado uma aglomeração de mais de trinta. Na cabeça deles, eu provavelmente era só um playboy de quem eles estavam se aproveitando.

Até aí, tudo bem. Meu objetivo era gravar sem ser impedido, e se a moeda para voltar ao hotel com um bom material era essa, ótimo.

O clima ficava mais animado a cada nova garrafa.

Alguns me conheciam da televisão. Algumas garotas dançavam e, de gole em gole, eu ganhava a confiança deles e eles ganhavam cerveja. Já tinha virado festa.

Estávamos na parte de baixo da favela, que fica em um morro. Mas aparentemente a notícia do paulista pagador de cerveja já tinha subido.

Um sujeito sem camisa, de bermuda e chinelo, aparece.

Ele se destaca não só pela cara de poucos amigos. Também chama atenção por ostentar uma corrente dourada no pescoço e uma pistola prateada na mão.

"Quem é o branquelo que tá aqui?".

A pergunta, em tom de desafio e em alto e bom som, calou o ambiente.

"Que porra é essa de vir aqui pagar cerveja?".

Eu não entendia como aquilo poderia ser uma afronta, mas o fato é que ele estava desconfiado.

Me encarou, a centímetros de distância, gesticulando com a arma e disparando perguntas. A cada pergunta, empurrava a arma contra minha cabeça.

Eu já tinha passado por apuros na vida.

Já tinha quase sido linchado por torcedores na Argentina.

Já tinha sido agredido por policial à paisana.

Já tinha sido roubado a mão armada numa bocada na Praia Grande, no litoral de São Paulo.

E também negociado a vida com o guarda-costas de um bandido barra pesada, barra pesada mesmo, que queria por tudo me apagar.

Mas ali, naquele momento, a coisa era diferente.

Além da minha total vulnerabilidade, não existia objeto de negociação.

O sujeito não queria cerveja, como os outros. Estava simplesmente puto da vida, desconfiado, com uma pistola na minha cara.

Não tinha para onde correr.

Se ele percebesse qualquer traço de incoerência ou mentira, adeus Elcio.

Minha vida dependia daquela resposta.

Expliquei o que fazia ali, com a firmeza e convicção que só quem diz a verdade consegue transmitir.

Naquela altura, o dono do boteco já tinha desligado a música.

Durante segundos que pareceram uma eternidade, o sujeito olhou fundo nos meus olhos, farejando em silêncio, como se procurasse o que estava por trás deles.

E abaixou a pistola.

Confiou em mim, unicamente, porque eu disse a verdade. E, por mais que estivesse tomado pela adrenalina, meu corpo não me traiu.

Porque falei a verdade.

Qualquer história que eu inventasse acabaria em tragédia.

Quando alguém se acalma durante uma discussão, geralmente dizemos que fulano se "desarmou". Neste caso, ele se desarmou literalmente.

Arrisco dizer que, depois de cinco minutos de conversa, dentro daquela realidade, ele foi até simpático. Me explicou que "a coisa não funcionava assim" e que eu não podia chegar gravando na área dele sem permissão.

Respondi apenas com a verdade.

Falei respeitosamente que não sabia, contei sobre minha reportagem e disse que tinha a melhor das intenções.

"Então termina logo essa parada e não usa nenhuma imagem minha."

Virou as costas, subiu e sumiu.

E consegui gravar minha matéria.

O que aprendi com essa experiência?

Que existem duas coisas na vida que a gente só ganha ou perde uma vez.

Uma delas é a própria vida. A outra é a confiança de alguém.

Confiança é um contrato: duas partes concordam que estão agindo de boa fé.

Você confia em mim e eu, em você.

Se perder a confiança de alguém, nunca mais terá de volta.

A confiança é instintiva.

É um instinto despertado pela verdade e conquistado com a verdade.

Entendeu?

Se você for verdadeiro sempre, com você mesmo e com os outros, as pessoas vão instintivamente confiar em você. Quanto mais confiarem em você, mais você confia em si mesmo.

É um círculo de confiança.

Então, se quiser conquistar as pessoas e ter a admiração delas, fale a verdade e aja com verdade.

Se quiser persuadir e se conectar de forma socialmente inteligente, seja verdadeiro e autêntico.

Por mais incômoda que a verdade seja ou pareça, render-se à tentação de mentir tem um preço muito mais alto que o da verdade.

No caso da experiência que contei, o preço da mentira seria minha vida.

É claro que dizer a verdade também tem um preço.

Todas as nossas decisões têm consequências.

O preço da verdade, porém, é como o dinheiro que você investe. Você está aplicando na sua reputação e credibilidade. Cedo ou tarde, vai resgatar o lucro pelas escolhas corretas.

O preço da mentira, ao contrário, é despesa. Uma hora o boleto chega e o saldo devedor vai consumir seu maior patrimônio: credibilidade e confiabilidade.

Sem credibilidade você não fecha negócios. Sem credibilidade você não mantém seu emprego. Sem a confiança dos outros não existe relacionamento possível.

Confiança é a base de qualquer interação porque, inconscientemente, precisamos sentir segurança. Sentir, principalmente, que o outro não oferece perigo. Precisamos anular incertezas e desconfianças naturais ao que é novo.

E isso se conquista dizendo sempre a verdade.

As pessoas não vão apenas saber que você é verdadeiro. Elas vão também sentir, inconscientemente. Sua imagem social de pessoa verdadeira vai ser respeitada por amigos e por "inimigos".

Tenho certeza de que você já disse sobre alguém, ou já ouviu alguém dizer, talvez até sobre você mesmo, algo como:

"O fulano tem muitos defeitos, mas fala a verdade. É um sujeito que fala o que pensa."

Ou ainda: "Discordo totalmente da fulana, mas ela é autêntica, não está fingindo."

Não importa quais sejam seus defeitos, pode ter certeza de que a fama de verdadeiro anula boa parte deles.

Da mesma forma, não importa quais sejam suas qualidades, a fama de mentiroso anula boa parte delas.

As consequências da mentira não são apenas futuras. Não te prejudicam apenas quando a verdade aparece, quando chega a fatura.

Elas são imediatas.

Isso porque eu e você, todos nós, somos detectores naturais de mentira. O outro lado da moeda é que também somos detectores naturais de autenticidade.

Nosso corpo e expressões denunciam falsidades. Da mesma forma, confirmam verdades que dizemos.

Existe uma convicção e uma firmeza invisíveis que só transmitimos quando falamos e agimos com autenticidade.

Isso é instintivo. Não é racional.

Mesmo que não entendamos o porquê, ficamos com uma pulga atrás da orelha quando vemos alguém mentir.

É aquela sensação de: "Não sei porquê, mas tem coisa estranha aí".

Uma tática muito usada por negociadores experientes é a de avaliar a credibilidade de seus possíveis parceiros fazendo perguntas.

Perguntas cujas respostas já conhecem.

Se o interlocutor responde a verdade, o processo continua. Se mente, não é confiável para fazer negócios.

"A verdade sempre aparece" é um daqueles ditados bons.

Virando essa pérola de sabedoria do avesso:

Se é verdade que a verdade sempre aparece, é também verdade que a mentira sempre aparece, certo?

E por que sempre aparecem?

Não é carma, não é milagre, não é um fenômeno sobrenatural que revela a verdade como um passe de mágica.

Na maioria das vezes, o próprio mentiroso acaba revelando a verdade sem querer. As pessoas se traem.

É como o Pinóquio.

O nariz não vai crescer, mas uma hora o mentiroso acaba entregando a mentira porque se perde nas fantasias que criou.

Quando mentimos, estamos criando uma realidade paralela. Essa falsa realidade é frágil, ela implode fácil. As paredes têm ouvido e, mais do que nunca, há olhos por toda a parte.

Hoje existem redes sociais, câmeras espalhadas, internet, memes. Alguém que se sentiu prejudicado pode te desmascarar em público.

Você pode ser julgado pelo tribunal da internet por causa de uma mentira.

Na realidade, mentir sem ser descoberto nunca foi tão difícil na história da humanidade quanto hoje. E nunca foi ou será uma decisão inteligente.

Você terá sempre que lembrar de cada detalhe para não ser desmascarado. Para quem falou, onde, como e o que falou.

O escritor estadosunidense Mark Twain resumiu bem:

Se *você* disser a verdade, nunca vai precisar se lembrar de nada.

Quanto mais autênticos, mais somos reconhecidos como confiáveis. E quanto mais confiam na gente, mais confiamos em nós mesmos.

A autenticidade nos liberta para ser quem somos, e inspira confiança consciente e inconsciente nos outros. Nos livra de vestir máscaras e fingir.

Se quiser se conectar, inspire confiança sendo autêntico. Pessoas verdadeiras, que não têm receio de mostrar quem são, são estimadas.

Sua estima própria também se alimenta do respeito que você cultiva nos outros.

Marco Aurélio, imperador e filósofo, conclui essa lei:

Se não for certo, não faça. Se não for verdade, não diga.

LEI 9
CUIDE DA SUA REPUTAÇÃO

Reputação é mais importante que dinheiro.

Sem reputação você não consegue dinheiro. E ainda que seja milionário, seus recursos não valerão nada.

Quer uma prova?

Quantas vezes você já não ouviu falar de endinheirados que gastaram fortunas para um caso comprometedor não vir a público?

Escândalos sexuais silenciados com um "acordo"?

Repare nas palavras que usei: "comprometedor" e "escândalo". São palavras diretamente relacionadas à reputação.

Tem gente que se mata por causa disso. É coisa séria.

Por que é mais importante que dinheiro?

Porque, como digo e repito: ninguém vive sozinho. Somos seres sociais.

Manchar a reputação envolve ser excluído e, dependendo do caso, "morte social".

Seus vizinhos, antes simpáticos, agora te evitam.

Seus "amigos" não respondem mensagens.

No trabalho, ninguém olha na sua cara, caso consiga manter o emprego.

Seu futuro empregador, seu potencial sócio, seus possíveis investidores, fugirão como zebras fogem de leões. No clube, ninguém te dá tapinha nas costas. Você não é mais chamado para churrascos ou casamentos.

Isso tudo é terrível mas não é o pior.

Quando você perde a reputação, sua família também é excluída. Os filhos sofrem *bullying*. Sua mulher ou marido são alvos de julgamento social e comentários maldosos.

É como morrer para a sociedade. Ser banido é tornar-se invisível do pior jeito possível, porque as pessoas continuam te enxergando.

Há alguns anos, fui convidado por um amigo para conhecer os donos de uma das maiores produtoras de audiovisual do Brasil. Com certeza você já assistiu a alguma série ou programa feito por eles.

Esse amigo era diretor criativo da empresa, e sabia que eu tinha um formato de programa de televisão que era justamente o que buscavam.

Conheci os sócios e fizemos várias reuniões, nas quais expliquei cada detalhe do projeto.

Eles amaram.

Na hora de fechar o negócio, eles propuseram uma mudança no formato:

Queriam que o programa não fosse apresentado apenas por mim, mas por mais dois apresentadores. Esses dois personagens já estavam no projeto original, mas no papel de consultores, não de *hosts*.

Argumentei que o conceito não era esse, e que o trio não fazia sentido do ponto de vista do formato. Não entramos em acordo e encerramos a negociação.

Tudo numa boa, sem ressentimentos. Eu queria uma coisa, eles queriam outra. Vida que segue.

Semanas depois, um dos sócios me liga:

"Fala, Elcio! Como tá?".

"Opa! Tudo beleza! E por aí!?".

"Então... Estou te ligando por consideração profissional. Queria te comunicar antes para não haver ruído. Não sei como isso pode chegar ao seu ouvido."

Ele sabia que eu era amigo do diretor criativo da empresa dele. Decidiu me dar a notícia porque sabia que eu a descobriria de um jeito ou de outro.

"É sobre o projeto que estávamos conversando. Como você não aceitou, vamos fazer algumas alterações e realizá-lo do nosso jeito, com outros apresentadores."

"Como é?".

"É... Conversamos com o pessoal daquele canal a cabo. Eles gostaram, era isso de que precisavam, e vamos fazer."

Não acreditei no que estava ouvindo. Pensei, "esse cara é muito cara de pau".

A ideia era 100% minha. Ele nunca chegaria àquele formato sem mim.

Porém, sabendo do poder que tinha, quis me atravessar e não hesitou em tentar se apropriar do meu projeto. Achou que eu baixaria a cabeça para o dono de uma das maiores produtoras do Brasil.

Também não hesitei:

"Você sabe que o projeto é meu."

"Como assim, Elcio? Não é bem assim! As ideias estão no ar, a gente fez modificações!".

Ele sabia que se eu recorresse a um processo judicial minha chance de ganhar seria mínima.

Provar ser dono de um formato no Brasil é difícil. Uma pequena alteração no original é suficiente para o juiz decidir que dois projetos praticamente idênticos são, aos olhos da lei, distintos.

Além disso, por mais que eu vencesse o processo, a narrativa seria totalmente diferente aos olhos de clientes, parceiros e profissionais do audiovisual.

O público não lê decisão de juiz.

Resultado de ação judicial é sempre alvo de controvérsia: a produtora poderia mentir dizendo que a ideia havia sido deles. Ou que ganhei porque meu advogado era bom.

Publicamente, portanto, a questão ficaria nebulosa, cheia de versões de advogados e juridiquês. Para mim a questão não era grana, mas honestidade, respeito e reconhecimento.

Ataquei justamente o que o dinheiro não compra:

"Fique tranquilo. Não vou te processar."

"Que bom que você entendeu, Elcio."

"Mas vou deixar claro. Se copiarem meu programa, vou avisar o mercado sobre como vocês trabalham. Vou contar exatamente o que aconteceu, nem mais nem menos, simplesmente a verdade. A escolha é sua."

Ele sabia que eu conheço o mercado audiovisual e que, se a história vazasse, ele estaria fodido. Ficaria queimado entre profissionais, emissoras, patrocinadores e clientes.

Ficou mudo alguns segundos, pediu desculpas e não fez o programa.

Mirando na reputação com a verdade, tive total controle das ações e da narrativa. Caberia a eles tentar reagir e se defender.

Não receberia indenização, mas abalaria, com razão, a imagem que o mercado tinha das práticas e princípios da produtora.

Sem reputação, não há confiança possível. Sem confiança, não há relacionamentos. Sem relacionamentos, não há negócios.

Portanto, cuide de sua reputação. Mantenha a integridade, seja transparente e, principalmente, não tente passar a perna nos outros.

Quando falo de reputação, não me refiro a status. É um campo totalmente diferente. Trata-se de outro esporte.

Status está relacionado à condição social e econômica que os outros atribuem a você. É o ganho de vantagens sociais em razão da percepção de valor que as pessoas têm de seus bens materiais.

Reputação está associada a caráter e honra, que são bens não materiais. Portanto, não têm preço.

Você pode falir e dar a volta por cima.

Pode ser rebaixado para a Série C, voltar para a Série A e ser campeão.

Porém, se perder reputação e credibilidade, está acabado. Especialmente hoje, em que tudo o que fazemos está registrado na internet para sempre, ou pelo menos enquanto o Google existir.

Em qualquer negociação, reputação vale mais que dinheiro.

Reputação é coisa séria.

LEI 10
ENTRE EM CONCORDÂNCIA

Todo mundo gosta de vencer, certo?

De ter razão e a última palavra.

Todo mundo, com exceção dos socialmente inteligentes.

Lembre-se de que uma das bases da inteligência social é o instinto de similaridade. Portanto, em qualquer interação, evite os pontos de discordância e foque nos pontos em comum.

Existe um ditado que diz:

Paus e pedras podem me ferir, mas palavras não me machucam.

Tem muito ditado sábio, mas não esse.

Palavras ferem. E muito.

Você pode se recuperar fisicamente de um soco, a não ser que tenha saído no braço com o Mike Tyson.

Agressão física é traumatizante. É horrível, doloroso e psicologicamente terrível.

Mas palavras também são. E, uma vez ditas, não voltam atrás.

O que quero dizer com isso?

Que toda "vitória" que você tenha obtido numa discussão é momentânea. Você nunca vai saber os efeitos que suas palavras causaram.

Discussões não levam a lugar nenhum. Ou melhor, levam a um caminho de mágoa, ressentimento, raiva ou até mesmo vingança.

Não é inteligente enfrentar ou humilhar com argumentos, sejam eles bons ou ruins. Inteligente é alinhar pontos de vista, encontrar similaridades e conexões.

Se você deseja ser socialmente inteligente, deve domar seus movimentos e, principalmente, o que diz.

Pergunte-se: quais sentimentos minhas palavras podem despertar?

Exercite a empatia. Saiba que as pessoas são diferentes e vão ter percepções diferentes.

Palavras saem da nossa boca de um jeito e chegam de outro. Você atira no que viu e acerta o que não viu.

A mensagem nunca está no que você quis dizer, mas no que o outro entendeu ou quis entender.

Sem querer, você pode ofender alguém em uma argumentação, atacando um ponto fraco ou insegurança.

Discussões colocam os outros na defensiva. E um dos instintos de quem está na defensiva é contra-atacar. Desse jeito, ninguém pode ser persuadido.

Desarme quem estiver do outro lado com acolhimento, carinho e compreensão.

Nosso ego cria uma armadilha para nós mesmos: quando somos atacados ou contrariados, reagimos atacando. É aí que você perdeu o controle da situação, matou a conexão já existente ou que poderia ser construída.

Sem conexão não há persuasão.

É mais eficiente fazer as pessoas confiarem em você com atitudes, sem dizer uma palavra. Demonstre estar aberto para o diálogo, ouça, valorize o ser humano que está na sua frente.

Pessoas são convencidas pelo sentimento que você desperta nelas, não com argumentos racionais.

Seu comportamento é mais importante que palavras. A forma como você se expressa conta mais que argumentos.

Seja o exemplo que os outros vão querer espelhar.

Seu primeiro objetivo deve ser despertar confiança e estreitar a relação. Seu ponto de vista, conhecimento e informações não valem nada até que o outro "vá com a sua cara".

Não se iluda acreditando que vai convencer com argumentos. Não vai.

O rei e filósofo Marco Aurélio, mais uma vez, conclui um capítulo:

Não perca mais tempo discutindo o que é um homem bom: seja um.

LEI 11
SORRIA

Muitas descobertas aconteceram quando cientistas atiraram no que viram e acertaram o que não viram.

Vou dar um exemplo popular:

Em 1994, pesquisadores do laboratório Pfizer trabalhavam em um novo medicamento para o tratamento de angina, uma doença cardíaca, e notaram um efeito colateral curioso:

O remédio aumentava o fluxo de sangue no pênis dos voluntários.

Surgia assim o Viagra, a primeira pílula para impotência sexual da história.

Um dos medicamentos mais lucrativos no mundo, que revolucionou a vida sexual de milhões, foi criado por acidente.

Outra descoberta, considerada uma das mais importantes da neurociência, também aconteceu por acaso.

Na década de 1990, neurocientistas da Universidade de Parma, na Itália, descobriram um sistema de células cerebrais.

Os pesquisadores monitoravam a atividade cerebral de chimpanzés para identificar quais neurônios eram responsáveis pelas habilidades motoras.

Eles cumpriram o objetivo, mas o que descobriram no processo foi revolucionário:

Os neurônios motores eram ativados não apenas quando os macacos estendiam o braço para receber comida, mas também quando os animais enxergavam os pesquisadores fazendo o mesmo movimento.

Ou seja, o sistema motor era ativado não só quando o macaco praticava a ação, mas também quando a assistia.

Assim foram descobertos os neurônios-espelho, que também existem em seres humanos e são base para muitas leis da inteligência social, como o poder de contagiar os outros.

Esse poder de contágio é natural no ser humano, não um esforço intelectual. Pode, sim, ser treinado e aplicado racionalmente. Mas é despertado por um instinto.

Somos como espelhos para os outros. E os outros são como espelhos para a gente.

Já nascemos assim. Perceba como os bebês reagem a um sorriso.

Como espelhos, sorriem quando a mãe sorri.

É um sinal instintivo e universal de que está tudo bem. Da mesma forma, a mãe sabe que o filho está bem quando sorri.

É a primeira forma de comunicação entre nós e o mundo. A primeira maneira de se expressar na vida de cada um. É pré-verbal, primitivo e natural.

Muito antes da descoberta dos neurônios-espelho, um ditado indiano já dizia:

Quando você sorri, o mundo inteiro sorri com você.

Isso ilustra o poder de contágio.

Quando sorrimos, ativamos o sorriso nos outros, involuntariamente.

Um bocejo é outro exemplo. Por que bocejamos ao enxergar alguém bocejando? Por que um bocejo é contagiante?

Mesma coisa: são os neurônios-espelho atuando.

Da mesma forma, uma cara de poucos amigos ativa, em você e no outro, hormônios relacionados às sensações de medo e perigo, como o cortisol.

Sorrisos geram boas emoções mesmo em terrenos inférteis. Abre portas e conecta pessoas.

Portanto, sorria e contagie com sentimentos positivos. O mundo vai sorrir de volta.

Quando conhecer alguém, sorria. Quando for cumprimentar alguém, faça o mesmo.

Às vezes, estamos de mau humor sem saber direito o porquê, e um simples sorriso do caixa do mercado muda nosso astral.

Obviamente, é importante que o sorriso seja verdadeiro. Um sorriso mecânico não gera conexão. Ao contrário.

Nossa via rápida ancestral liga alertas quando detectamos "falsidades invisíveis". Você não sabe como explicar, mas percebe que alguma coisa não bate quando enxerga um sorriso falso.

E também não é para ser o "Zé Graça" que sorri até para o poste. Não banalize seus sorrisos.

Tudo o que é banal perde o valor.

Valorize seu sorriso expressando verdade, sempre. A sua verdade.

O sorriso verdadeiro é contagiante porque é congruente. Ele expressa o que você está sentindo e dizendo.

Sorrir para tudo, para qualquer situação, para todo mundo, a qualquer hora, soa falso e pode afastar as pessoas em vez de aproximá-las.

Um sorriso genuíno começa com uma atitude verdadeira de autoconfiança e prazer de viver. Portanto, contagie as pessoas com sorrisos e veja a diferença que esse gesto simples pode fazer.

Então...

Sorria! Você está sendo filmado!

Brincadeira... ou talvez esteja.

LEI 12
FALE OS NOMES DAS PESSOAS

Quem me conhece sabe que eu sou fã do Silvio Santos.

Aliás, não só eu: Silvio Santos é quase uma unanimidade no Brasil. Uma das personalidades mais carismáticas e socialmente inteligentes do país.

Ele domina um princípio que parece corriqueiro, mas é essencial: chamar as pessoas por seus nomes.

O simples fato de pronunciar os nomes das pessoas quando as encontramos provoca nelas uma sensação imediata de prazer.

No auditório do Silvio Santos, todas as "colegas de trabalho" usam crachá.

Até os convidados usam crachá. Se o Pelé for lá, vai estar de crachá.

Bom, talvez não o Pelé. Mas qualquer outra celebridade.

Chamar a pessoa pelo nome cria uma sensação de exclusividade.

"Ooow", "cara", "meu", "mano", "mina", "brother", "velho"... pode ser qualquer um, mas quando dizem nosso nome é diferente.

Nomes existem justamente para nos diferenciar dos outros. Para diferenciar mais ainda existem os sobrenomes, apelidos e referências.

Exemplo: José, José da Silva, Zé, Zezão, Zezinho, Seu Zé da Padoca.

Chamar pelo nome traz mensagens implícitas:

"Sei quem você é."

"Lembro de você."

"Está na minha agenda mental de nomes."

"Você é importante para mim."

Quem não gosta de ser valorizado?

Chamar pelo nome também gera um sentimento de intimidade. Intuitivamente, sem perceber, a pessoa vai se sentir mais próxima de você.

E por que isso é especial, ainda mais hoje?

Pense bem.

Quantas vezes na vida você esqueceu o nome de uma pessoa que acabou de conhecer?

Quantas vezes já encontrou alguém cujo nome esqueceu?

E, para piorar, ela sabia seu nome?

É constrangedor.

Hoje todo mundo anda avoado. Ninguém mais presta atenção em ninguém porque os relacionamentos estão cada vez mais descartáveis.

Temos "amigos" nas redes sociais cujo nome não lembramos se cruzarmos na rua.

Pronunciar o nome de alguém demonstra claramente que você sabe quem ele é, que prestou atenção nele, no nome dele. Demonstra que você valoriza a pessoa com quem está conversando.

Então, quando perguntar o nome de alguém, preste atenção de verdade. Memorize. Anote se for preciso.

Silvio Santos é tão *social hacker* que finge esquecer o nome de celebridades para, assim, valorizar ainda mais o público de seu auditório.

"Como chama aquele menino que jogou no Santos? O que tem o cabelo diferente?

Neymar!".

Mas nunca erra os nomes de suas "colegas de trabalho" que, não à toa, estão todas de crachá.

O que ele está dizendo com isso?

Que o Neymar é, no mínimo, tão importante ou até *menos* importante que o público de seu auditório, que ele chama carinhosamente de "colegas de trabalho".

Aliás, chamar o público de "colegas de trabalho" também é genial. Ele se coloca no mesmo nível de todos.

É como se dissesse: "Vocês não são apenas fãs, são parceiras de trabalho. Se não fosse por vocês, esse programa não existiria."

Outro grande comunicador brasileiro também conhece esse poder.

Aliás, todo grande comunicador, ou vendedor, qualquer um que lide com pessoas, seja com uma ou milhões, deve dominar esse princípio.

Se você já assistiu ao programa do Faustão, percebeu que o apresentador dedica atrações para um monte de gente.

O Faustão lê um papelzinho com os nomes de pessoas que o público não conhece, mas que *ele* conhece e são importantes não para a audiência, mas para *ele*.

Por mais que o público não saiba de quem se trate, cada citado sabe que é o nome dele que Faustão está saudando.

Eles se sentem valorizados e dignos de atenção, e essa atitude fortalece vínculos.

"O Faustão falou meu nome!".

Ele é um apresentador que faz questão de dar, publicamente, o crédito que cada um merece. Cita o nome de roteiristas, estagiários, maquiadores, figurinistas, câmeras, produtores, assistentes.

Quando dedica atrações, prestigia desde o motorista que o levou ao aeroporto a familiares de empresários que o patrocinam.

Com essa pequena atitude, consolida seu *networking*.

Como *social hacker* que é, Fausto Silva sabe que relacionamentos são portas abertas. E que ninguém faz nada sozinho.

Ele tem mais uma lição a ensinar:

"Agora, com vocês, nossa convidada especial! A filha da Dona Neide e do Seu Telmo! A irmã da Luana!".

Ele anuncia celebridades citando o nome dos familiares delas, dos que são importantes para *elas*.

Neste caso, da Bruna Marquezine.

Ninguém esqueceria o nome da Bruna Marquezine, mas poucos saberiam o nome de seus familiares. Dessa forma, ele demonstra como valoriza a convidada.

Chamar as pessoas por seus nomes é poderoso. Isso você já entendeu. Agora, lembrar os nomes de familiares, ou até de animais de estimação, é ainda mais poderoso. Gera um tsunami de prazer.

Perguntar para uma pessoa como vai a filha, e chamá-la pelo nome. Ou como andam os pais, chamando-os pelos nomes, potencializa a sensação de intimidade e exclusividade.

Em um mundo em que ninguém presta atenção em ninguém, você vai cativar as pessoas fazendo com que se sintam valorizadas.

Simplesmente chamando elas próprias, e os que são importantes para ela, por seus nomes.

Aplique essa lei e observe. Os olhos das pessoas mudam quando ouvem seus nomes. Elas vão te tratar com respeito porque você fez com que se sentissem respeitadas e especiais.

Se o outro usa crachá, chame-o pelo nome. Seja o caixa do supermercado ou o atendente da repartição pública, que pode facilitar ou dificultar sua vida.

Certa vez fui ao fórum e consegui o documento de que precisava em um dia, depois de ter recebido uma estimativa de prazo de duas semanas.

Tudo porque fui educado, chamei o atendente pelo nome, pedi licença para entrar na sala e respeitei seu ambiente de trabalho. Sorri e puxei papo. Ele estava carrancudo, mas, em poucos minutos, já tinha mudado de humor.

Despertei a conexão, e ele escolheu colaborar.

Muitas vezes, pessoas com cargos "menos importantes", as chamadas "subalternas", são destratadas. Existe uma classe de "pessoas invisíveis", aquelas para as quais muitos não dão importância.

É terrível que isso aconteça, mas infelizmente é realidade.

O simples fato de chamá-las por seus nomes demonstra que, aos seus olhos, não são invisíveis. Você desperta sentimentos positivos, pode tornar o dia de uma pessoa melhor.

Isso, por si só, já é maravilhoso.

E, se um dia precisar da cooperação dela, pode ter certeza que vai ter.

LEI 13
ELOGIE

Todo mundo gosta de ser elogiado, certo?

Crianças, adultos e até cachorros ficam contentes ao ouvir um elogio.

Alguns mais tímidos sentem vergonha de ser elogiados. Essa vergonha, em geral, não é pelo elogio em si, mas por não conseguirem disfarçar a satisfação com o comentário.

Na prática da inteligência social, elogiar favorece a conexão não só porque valoriza o outro, mas principalmente porque o outro se sente compreendido. Isso gera um vínculo baseado em reciprocidade, estimulando confiança mútua.

O elogio pode turbinar uma relação de diversas maneiras, dependendo muito do quanto você conhece a pessoa ou de qual tipo de interação está tendo com ela.

Seja qual for a situação, elogiar pode ser uma arte traiçoeira.

Se não for 100% sincero, o tiro sai pela culatra.

Um elogio, para criar uma conexão, precisa ser totalmente honesto.

Quando você já conhece a pessoa, ou tem alguma familiaridade com ela, o elogio deve ser preciso, como um tiro de *sniper*.

Já falei sobre a Regra de Ouro: "Faça aos outros o que gostaria que fizessem com você".

Esse princípio deve ser respeitado em qualquer contexto. Mas no *elogio certeiro*, você *não vai* elogiar o outro como *você* gostaria de ser elogiado.

Como assim, Elcio?

Você sabe o que te orgulha mais, e cada um tem seu motivo pessoal de orgulho. Ou seja, neste caso: você deve elogiar o que é mais importante aos olhos da pessoa, e não aos seus.

Sentimo-nos valorizados e compreendidos quando somos elogiados pelo que consideramos elogiável em nós mesmos. Quando percebem algo que a maioria não observa. Quando reparam em uma qualidade da qual realmente nos orgulhamos.

Esse tipo de elogio pode ser gatilho tanto para uma nova conexão quanto para consolidar um relacionamento.

Um exemplo:

Muita gente me para na rua para elogiar vídeos que publico.

Obviamente, gosto dessa resposta positiva. Agradeço qualquer comentário positivo e crítica pertinente.

Porém, dou mais valor quando elogiam algo específico, um detalhe sobre algo que fiz ou falei que eu mesmo considero bom.

O sentimento é: "Essa pessoa me entendeu. Percebeu minha intenção, captou minha ideia!".

Sinto que fui compreendido de verdade.

Para o elogio criar esta conexão poderosa, você precisa conhecer a pessoa ou, no mínimo, ter colhido informações suficientes para entendê-la e descobrir do que ela própria se orgulha.

Dessa forma, a pessoa não sente apenas o ego ser massageado. Ela se sente compreendida e enxerga verdade, e não bajulação, em você.

O elogio também é útil quando você quer corrigir ou "contrariar" alguém sem criar atrito.

Essa forma é especialmente eficaz em ambientes profissionais.

Em vez de apontar o dedo e dizer o que a pessoa fez de errado, elogie as atitudes dela que estão mais próximas do que você busca.

Se o que ela fez foi contra seus objetivos, ignore. Dê ênfase ao que ela fez *a favor* deles, por menores e mais raras que sejam essas atitudes.

Esse é o famoso *reforço positivo*.

POR EXEMPLO:

Se você lidera uma equipe, reforce qualidades individuais que podem ser úteis tanto para seus objetivos quanto para os do grupo.

Essa atitude pode ser a chave para uma boa relação coletiva, a diferença entre um projeto bem ou malsucedido.

Se um integrante tem dificuldade em ouvir, elogie quando estiver atento ao que você ou outra pessoa diz, por exemplo.

Se a pessoa agir de maneira que te incomode, ignore, sem criticar.

Reclamar, criticar ou apontar o dedo, especialmente em público, gera uma resposta defensiva desfavorável à conexão.

Ou seja, em vez de apontar um "defeito" ou criticar, reforce uma qualidade.

Não diga o que a pessoa *não* tem de fazer, mas estimule o que ela *deve* fazer.

Como em qualquer elogio, reforçar positivamente de forma sincera também faz com que o outro se sinta valorizado. E que enxergue em si mesmo algo que talvez não tivesse reparado antes.

Isso faz com que se sinta estimulado a repetir, natural e positivamente, o comportamento que *você* considera importante.

Elogiar também pode ser a chave para uma boa conexão com pessoas que não conhecemos, ou que acabamos de conhecer. Até mesmo com pessoas que, à primeira vista, "não vamos com a cara".

Nesse contexto, uma forma poderosa de favorecer a criação de vínculos é elogiar algo que você tem em comum com o outro, ou que sinceramente tenha chamado sua atenção.

Ou seja, você não vai elogiar necessariamente o que a pessoa mais admira nela própria, mas sim, algo que *voc*ê tenha gostado nela.

É uma forma mais genérica de elogio?

Sim, mas, ainda assim, é eficaz para "começar com o pé direito".

Pode ser um tênis que você realmente tenha achado bonito. Ou a camisa do time de coração, o mesmo que o seu. Ou algum aspecto da personalidade ou do trabalho dessa pessoa que você honestamente admire.

Pode ser o corte de cabelo ou a camiseta que ela está usando.

Muita gente gosta de se expressar através das roupas. É comum vermos camisetas com mensagens ou frases.

Quando alguém escolhe uma camiseta dessas, está dando dicas sobre ela mesma, sobre o que gosta ou pensa.

Use isso ao seu favor.

Por exemplo: sou fã do Mike Tyson e do Michael Jordan. Tenho um pôster do Michael Jordan em tamanho real na minha casa.

Isso mesmo, um pôster de mais de dois metros de altura, contando a moldura.

Se acabo de conhecer uma pessoa que está vestindo uma camiseta com uma frase do Jordan ou uma foto do Tyson, é claro que vou elogiar. E é óbvio que vou ter assunto para horas de conversa.

Parece uma forma superficial de começar uma interação, mas não é. Acredite: é o suficiente para engatar uma conexão e começar com o "pé direito".

O importante é criar um vínculo, por menor que pareça.

Os socialmente inteligentes ativam bons sentimentos nos outros, mesmo em situações desfavoráveis.

Já disse: as pessoas se abrem para a conexão quando se sentem valorizadas.

Cabe a você despertar esses sentimentos, e uma das formas mais poderosas de ganhar alguém é, simplesmente, elogiando.

Desde que seja sincero, elogiar abre portas e derruba muros.

É uma força mais poderosa que um direto do Mike Tyson.

LEI 14
PEÇA AJUDA

Intuitivamente, a maioria das pessoas acha que ajudar os outros, ou oferecer ajuda, é uma forma de se conectar.

Isso está correto.

Mas como você se sente quando alguém *pede ajuda* para você? Com uma coisa simples? Não estou falando de ajuda para construir um foguete.

Quando alguém pede sua opinião sobre um assunto, ou sobre uma decisão ou para que explique algo, por exemplo?

Quando uma mulher te pede ajuda para uma tarefa física, como você se sente?

Se sente o sujeito mais forte do mundo, certo?

Quando alguém pede sua opinião sobre um texto que escreveu?

Sente que admiram sua inteligência, certo?

Por esses motivos, não apenas oferecer, mas, principalmente, pedir ajuda, é uma forma simples e confiável de gerar uma conexão.

Quando alguém pede sua opinião, está dizendo nas entrelinhas que não apenas confia em você, mas também que respeita seu julgamento.

Pedir ajuda é uma forma de despertar, nos outros, sentimentos de colaboração e confiança. De fazer com que o outro se sinta importante e valorizado, assim como nos sentimos.

Há alguns anos, precisava regularizar alguns documentos, coisa muito chata e burocrática. Liguei para uma conhecida que entendia do assunto e pedi o conselho dela.

Ela foi extremamente solícita, e me ajudou a resolver o problema. Me explicou em detalhes o que eu deveria fazer.

Até então, não tínhamos muito contato. Ela era apenas amiga da namorada de um amigo.

Depois disso, deixou de ser a amiga da namorada de um amigo e nos tornamos... amigos.

Tudo isso graças a um simples pedido de conselho.

Fazer os outros se sentirem úteis e importantes é importante.

Já falei sobre isso. É uma das leis da inteligência social que facilitam a conexão.

Vale tanto para pessoas que você conhece quanto para desconhecidos.

Mas como fazer uma pessoa que você nunca viu, sentir-se assim? Aliás, como fazer esse primeiro contato?

Essa é uma das partes mais difíceis de uma conexão para a maioria das pessoas. Como começar uma conversa com um desconhecido ou abordar uma garota, por exemplo?

Qual é o nome desta lei?

Sim, "Peça ajuda".

Pedir ajuda é uma forma extremamente fácil e eficiente de fazer o primeiro contato.

Pedidos de ajuda ou perguntas genuínas, que vão te ajudar de verdade.

Obviamente a ideia não é pedir algo que a pessoa não consiga atender, ou que seja incômodo ou impertinente.

Não vá pedir para a pessoa levar seu cavalo ao veterinário.

Outra particularidade desta lei é que, ao pedir ajuda, demonstramos também gratidão.

Dizemos obrigado e agradecemos a ajuda.

Damos ao outro a oportunidade de experimentar um sentimento extremamente positivo, que desperta nossos instintos mais nobres. E, em troca, nos abrimos para receber o mesmo dela, gerando confiança.

Recapitulando

Primeiro: quando uma pessoa te pede ajuda, ela está demonstrando, mesmo inconscientemente, que confia em você.

Ou seja: quando *você* pede ajuda está demonstrando que confia no outro. E isso prepara o terreno para uma conexão bem-sucedida.

Segundo: pedir ajuda desperta, no outro, um sentimento positivo, de colaboração.

Em tese, ninguém pede ajuda a alguém que não confia, certo?

Terceiro: ao recebermos ajuda e demonstrar gratidão, despertamos os melhores sentimentos e a confiança das pessoas.

Essa confiança, expressa nas entrelinhas, provoca uma reação de reciprocidade. Se alguém confia em você, você também pode confiar.

Por último: pedir um favor coloca o outro em posição de importância.

Você está dizendo, nas entrelinhas, que, naquele momento, ele sabe mais do que você, pode mais do que você, enxerga melhor do que você.

Você está demonstrando humildade e possibilitando que o outro aja com generosidade.

Pedir ajuda com algo simples pode despertar bons sentimentos inclusive com quem você não tenha uma boa relação. Pode sinalizar uma trégua ou uma oferta de "paz" a alguém com quem esteja com a relação estremecida. Do tipo "podemos ser amigos?".

Um simples pedido de ajuda pode ser a faísca para uma conexão e relação de confiança que antes parecia impossível.

LEI 15
CONTE UM SEGREDO

Para quem você conta seus segredos?

Quando revelamos um segredo, ele deixa de ser pessoal e passa a ser compartilhado. Criamos um vínculo, fechamos um contrato verbal baseado em boa-fé.

Não precisa ser advogado para saber que boa-fé é a essência de qualquer contrato. Tanto que, geralmente, as últimas palavras são: "Estando acordadas, as partes assinam o presente instrumento de boa-fé."

Ou algo parecido.

Você só fecha um contrato verbal com quem realmente confia. Não há um documento oficial. Não há assinatura nem registro em cartório.

Revelar um segredo é socialmente inteligente justamente por esse motivo. É um vínculo verbal lastreado em confiança mútua.

Você dá o primeiro passo para um ciclo de reciprocidade. Transmite confiança e, como resultado, conquista confiança, criando um laço.

Esse efeito impacta sua autoestima: quanto mais gente confia em você, mais você confia em si e, portanto, mais confiança transmite.

E ainda que não seja algo íntimo, estimula um *ambiente* de intimidade.

Resumindo: revelando um segredo você desperta confiança, cria um ambiente de intimidade e um vínculo de reciprocidade.

É possível que a pessoa reaja contando um segredo dela.

Se isso acontecer, a cadeia de confiança fica mais sólida. Você vai conhecê-la melhor e, quanto mais sabe sobre ela, mais chances tem de se conectar genuinamente.

Contando um segredo, você estimula a pessoa a devolver a bola contando uma confidência. Conhecer um segredo de alguém te torna, quase que imediatamente, um aliado dessa pessoa. E, especialmente, ela se torna uma aliada sua.

PENSE BEM:

Você quer ter como inimigo alguém que sabe um segredo seu?

Claro que não.

Por isso, expor algumas confidências é uma forma eficiente de estimular a pessoa a, reciprocamente, revelar algumas delas. Isso anula a chance de ganhar um inimigo.

Mas existe um jeito e um contexto certo para aplicar essa lei.

Não é para sair contando segredos cabeludos, muito menos na internet. Pode ser um tiro no pé. O outro pode interpretar mal, sentir-se constrangido e se afastar.

A ideia é revelar um segredinho menor que, de alguma forma, transmita algo incomum, curioso ou interessante sobre você.

Confessar uma pequena vulnerabilidade tem o efeito de te humanizar aos olhos do outro.

Por exemplo: "confessar" que sua mãe compra suas camisetas, ou que tem um pijama do Mickey. Algo que soe constrangedor para você, mas não para o outro.

Não seja íntimo demais, e fuja de assuntos tabus.

Quando a relação estiver madura, você pode dosar a pílula e revelar segredos maiores, desde que não comprometam.

Outro cuidado: não queime a largada.

Evite usar este recurso com alguém que acabou de conhecer, ou que não pareça disposto a intimidades naquele estágio da interação. Mapeie o ambiente e saiba o momento.

E... não seja fofoqueiro.

Como você já sabe, a confiança é uma das bases da inteligência social.

Se a pessoa te contar um segredo, guarde. Se tiver fama de fofoqueiro, ninguém vai confiar em você.

LEI 16
OUÇA MAIS, FALE MENOS

Quanto custaria uma Lamborghini Veneno com rodas de diamante? Edição limitada, apenas três fabricadas?

Não sou vendedor de carros, não tenho uma Lamborghini e também não faço ideia de quanto custaria.

Só sei que seria muito dinheiro.

Agora imagine uma situação:

Você foi teletransportado para uma ilha deserta.

Para sua surpresa, lá estavam as três Lamborghinis, com os documentos no seu nome.

Na ilha só há você e as Lamborghinis. Mais nada.

Não tem água potável, animais ou árvores frutíferas.

Ao redor, há tubarões que comem os peixes disponíveis. Como você sabe, é complicado caçar tubarões ou disputar o almoço com eles.

Agora responda novamente à pergunta:

Depois de dez dias sozinho, sem comer ou beber nada a não ser sua própria urina, quanto valeriam as Lamborghinis?

Você certamente as trocaria por dois cachos de bananas e uma garrafa de água.

O que quero dizer com essa suposição?

Que o valor de qualquer coisa se baseia na escassez.

Nesta situação, dois cachos de bananas e uma garrafa de água valem mais que três Lamborghinis porque, nessa ilha, Lamborghinis são abundantes e bananas são escassas.

O mesmo acontece com nossas palavras.

Quanto mais você fala, menos valor suas palavras têm.

Quanto mais você fala, menos é ouvido.

A atenção das pessoas é cada vez mais escassa.

Existem centenas de estímulos que atraem nossa atenção:

Posts e fotos nas redes sociais, trabalho, notícias, mensagens e notificações, tarefas do dia a dia, séries, filmes, televisão, *games*, filhos, pais, marido, mulher.

Esse é um dos motivos pelos quais ninguém gosta de textões nas redes sociais ou mensagens intermináveis de áudio.

Incomoda quem fala demais sobre si mesmo, como também incomoda aquela pessoa que manda uma mensagem de WhatsApp com um apenas "Oi, tudo bem?", espera você responder "Tudo, e você?" para enviar a mensagem objetiva.

Respeite o tempo dos outros e seja objetivo no que quer dizer.

Pode ter certeza, ninguém gosta de ouvir você tagarelar sobre si mesmo, sobre o que fez ou deixou de fazer.

Por isso, uma das grandes habilidades da inteligência social não é saber falar, é saber ouvir. Algo que muita gente, mas muita gente mesmo, não sabe.

Saber ouvir é uma habilidade cada vez mais escassa, portanto valiosa.

A maioria das pessoas nasceu *podendo* ouvir, mas isso não significa que *saibam* ouvir.

Todos supõem saber ouvir apenas porque seus ouvidos funcionam. Ninguém acha que precisa aprender essa habilidade porque acreditam já tê-la.

Há quase dois mil anos, o filósofo grego Epíteto disse:

É *impossível* para um homem aprender aquilo que já *acha que sabe.*

É a mais pura verdade.

Pode ter certeza: as pessoas valorizam, mais do que nunca, e muito mais do que você imagina, serem ouvidas.

Inteligência social não é sobre você, é sobre o outro.

Por que ouvir é importante?

Primeiro:

As pessoas gostam de falar, e, especialmente, gostam de falar sobre si mesmas.

Já disse: elas vão gostar de conversar com você se simplesmente ouvi-las.

Ouvir de verdade envolve estar verdadeiramente interessado e curioso.

O outro se sente valorizado simplesmente porque, mais do que nunca, todos só estão interessados em falar, se mostrar, se exibir.

A não ser você.

Isso te torna especial e necessário. Um ouvinte em uma sociedade de falantes.

Se todos querem falar, vão buscar quem quer ouvi-los, verdadeiramente ouvi-los, dar atenção e compreendê-los.

Em terra de surdos, quem tem um ouvido é rei.

Segundo:

Quanto menos você fala, mais as pessoas te ouvem.

Elas percebem que você, quando abre a boca, tem algo digno de atenção a dizer e não desperdiça o tempo delas.

Pergunte-se:

Preciso dizer o que estou pensando?

Se sim, como posso dizer o que estou pensando?

Terceiro:

Quanto mais você ouve, mais informações recolhe.

Quanto mais informações recolhe, mais conhece a pessoa.

Quanto mais conhece a pessoa, mais recursos têm para conquistá-la com similaridades.

Quanto mais similaridades, mais intimidade.

Quarto:

Já entrevistei milhares de pessoas e continuo entrevistando, seja nas ruas, na TV, no YouTube ou em *podcasts*.

A arte da entrevista tem alguns atalhos. Seu objetivo é extrair o melhor de cada entrevistado. E de preferência que revele segredos, intimidades e histórias que nunca haviam sido contadas.

Antes de mais nada é preciso criar a conexão, gerar um ambiente acolhedor, seguro e de intimidade.

Em seguida, você deve deixá-lo falar. Quanto mais, melhor. Tenha muita cautela ao interromper. A entrevista é uma dança, onde quem deve brilhar é o entrevistado, não o entrevistador.

Existe um macete para estimular o entrevistado a falar livremente. E você pode aplicá-lo em suas interações.

As pessoas têm a tendência de preencher silêncios. Sentem-se impelidas a prosseguir falando enquanto você fica em silêncio.

O que faço?

Depois que terminam a resposta, continuo em silêncio.

Em 90% das vezes, os entrevistados preenchem o silêncio falando mais.

Muitas vezes, esse "mais" é justamente a grande revelação. O momento em que o entrevistado resolve tomar conta da situação e se abrir totalmente.

Você não precisa estar entrevistando alguém para aplicar esse conceito.

Em uma conversa ou numa negociação, por exemplo, use o silêncio a seu favor. Para conseguir uma revelação autêntica.

Se precisa de informações, as pessoas vão entregá-las apenas para preencher o silêncio.

QUINTO:

Palavras têm poder. Isso é fato.

Pense antes de falar. Ouça mais e fale menos. Suas palavras devem provocar sentimentos positivos. A não ser que esteja em um jogo de provocações.

Como diz um dos ditados mais populares e conhecidos: "O peixe morre pela boca e o homem, pela língua."

LEI 17
SEMPRE TENHA MAIS A OFERECER

O ser humano é um bicho curioso por natureza.

Somos movidos por curiosidade. É uma força tão poderosa que correremos riscos para satisfazê-la. Muitas vezes colocamos a própria vida em jogo para satisfazer nossa curiosidade. Isso faz parte da evolução do ser humano.

Imagine nossos ancestrais admirando o oceano e se perguntando:

"O que tem depois do mar?"

Nossa curiosidade natural é o gatilho desta lei:

Nunca entregue tudo, deixe uma ponta solta.

Como assim?

Como já você sabe, televisão é uma paixão da minha vida desde pequeno. Estudei Rádio e TV e realizei o sonho de trabalhar em várias emissoras nas mais diversas funções.

No mundo da televisão, um dos truques mais antigos para deixar a audiência ligada é fazer uma promessa no começo e entregá-la no fim do programa.

Ou ainda, o apresentador faz uma pergunta bombástica para o entrevistado responder depois do intervalo.

Isso é mais antigo que minha avó?

Sim.

Todo mundo já sacou essa artimanha?

Certamente.

Mesmo sendo manjada, essa estratégia funciona?
Muito.

Nas minhas reportagens, sempre usei esse artifício com muito sucesso.

Meus experimentos sociais têm como objetivo testar a reação das pessoas diante de um impasse.

POR EXEMPLO:

Como as pessoas reagem diante de uma cena de *bullying* entre adolescentes?

Elas fingem não ver? Focam em proteger a vítima ou em "agredir" os agressores?

Se a cena for entre garotos, as pessoas são mais ou menos propensas a ajudar a vítima? E entre garotas?

E se o *bullying* for de um grupo de meninas em relação a um menino?

Como as pessoas reagem? Elas ajudam o menino ou ficam constrangidas de defendê-lo por entenderem que um garoto deve saber se proteger sozinho?

A temática, por si só, já despertava a curiosidade do público, e ele assistia aos 15 minutos de reportagem para saber o resultado.

Isso não é intuição minha. É o Ibope que diz. A audiência não baixa. Ao contrário, ela aumenta.

Uma forma de estimular ainda mais esse suspense é justamente fazer perguntas no começo do vídeo, e dar o resultado apenas no fim.

"Como as pessoas vão reagir?"

"Quantas pessoas tomarão tal atitude?"

O segredo do sucesso é deixar pontas soltas, levantar questões, criar suspense e, apenas ao final, amarrar tudo e satisfazer a curiosidade das pessoas.

Agora, pense aqui comigo: como o público reagiria se eu desse o resultado logo de cara? Entregasse tudo de mão beijada no primeiro minuto de exibição?

Provavelmente, a maioria das pessoas assistiria à reportagem. Sem falsa modéstia: o trabalho é muito bom.

Mas, talvez, boa parte delas não assistiria até o final, porque a experiência seria completamente diferente. Não haveria o elemento da imprevisibilidade.

Eu estaria privando as pessoas de uma emoção que gostamos de ter e de uma curiosidade que gostamos de satisfazer.

Por que tanta gente detesta *spoilers*?

Porque ninguém quer saber o final do filme, da série, do livro, da novela, antes de assistir.

O prazer está na antecipação, na satisfação da expectativa, na experiência de "não saber o que vai acontecer".

Spoiler, em português, significa "estragar". Ou seja, entregar tudo de mão beijada estraga a emoção do suspense, de lidar com o imprevisível e ser surpreendido.

Grandes contadores de histórias sabem muito bem disso e usam este recurso há séculos. Está em novelas, seriados, reality shows e livros.

Trata-se do *cliffhanger*.

Significa, literalmente, estar "suspenso em um penhasco".

Todos já vimos essa cena: o vilão mete uma porrada no herói, que se agarra à beira do precipício ou da varanda de um arranha-céu.

O que vai acontecer?

Ele cai e se esfola todo? É salvo pelos amigos em um helicóptero? Morre?

A resposta, você descobre no capítulo seguinte.

Isso é um *cliffhanger*.

Deixar a narrativa em suspenso é um recurso de *storytelling*, a arte de contar histórias, que aciona nosso instinto da curiosidade.

Você pode usar esse instinto para tornar-se uma pessoa sedutora.

Por sedução, não me refiro necessariamente à sedução romântica ou sexual.

Me refiro ao poder de atrair e provocar sensações únicas nos outros, seja quem for.

Dizem que ninguém é insubstituível, certo?

Isso é bobagem.

Você pode, sim, ser insubstituível se conseguir contagiar as pessoas com entusiasmo e carisma.

E pode fazer isso deixando *loops abertos*. Isso é: largando pontas soltas, não entregando o final da história.

Pessoas misteriosas são sedutoras porque despertam curiosidade. Guardam um ar de que sabem mais do que entregam. Deixam os outros na dúvida sobre se há mais cartas na manga.

A curiosidade instigada por ciclos que não se fecham ocupa o pensamento das pessoas. Ocupa a cabeça delas com você.

Pensa aqui comigo:

Quanto tempo você passa refletindo sobre uma situação não concluída? Que ainda não teve um desfecho?

Por exemplo: você fez uma entrevista de emprego, mas ainda não teve resposta.

Ou tem um assunto pendente com alguém que é muito importante para você.

Essas coisas ocupam nossa cabeça, certo? Pensamos bastante nelas.

Você pode fazer o mesmo, mas com um viés positivo de expectativas, e não de preocupação. Pode ocupar tempo da cabeça das pessoas e fazer com que pensem em você. Sobre a ponta solta que deixou.

Se souber provocar essas reações, sua presença se torna viciante e sua ausência faz... falta.

Para que sua *ausência* seja sentida, você tem que valorizar sua *presença*.

E o que valoriza sua presença é a *intensidade*, e não a *disponibilidade* dela.

O que quero dizer com isso?

Na próxima lei, explico essa realidade ponto por ponto. Mas, por enquanto, quero que você entenda o princípio que está por trás disso.

Quando você é visto como alguém que sempre tem mais a oferecer, que não entrega tudo de mão beijada e sempre aparece com alguma surpresa, está gerando escassez de *disponibilidade*. E, assim, valorizando os *momentos* que você proporciona.

Uma pessoa que entrega tudo parece estar sempre disponível, certo? Não tem mais nada a oferecer. Não surpreende.

Nada do que é previsível é memorável, porque o previsível não carrega *intensidade*.

A *intensidade* da sua presença é mais valiosa que a *duração* dela.

Intensidade é mais importante que *duração*.

Como assim, Elcio?

Pensa aqui comigo:

Se você tem um pouco mais de idade e já foi ao Playcenter, sabe bem do que vou falar.

O Playcenter era um parque de diversões que, nos anos 1980, era o que tínhamos de mais parecido com a Disney no Brasil.

Claro que o Playcenter estava um milhão de anos atrasado em relação à Disney, mas, para a molecada da época, isso pouco importava. Era legal para caramba.

Eu mal conseguia dormir na noite anterior, de tão ansioso que ficava quando íamos ao Playcenter na manhã seguinte.

Quando você vai ao parque de diversões, o que é mais legal?

O mais inesquecível?

As duas horas que você passa na fila da atração ou os dois minutos na atração?

Nem preciso responder, certo?

O *Looping* era uma montanha-russa que virava de ponta-cabeça, dando uma volta na vertical, fazendo um... *loop*.

Hoje isso é comum, mas, na época, era uma coisa de outro mundo. Ainda mais no Brasil.

Quando o *Looping* inaugurou, a fila era de no mínimo três horas.

A criançada e os pais esperavam três horas para uma aventura de dois minutos, onde o próprio *loop* durava segundos.

Isso porque o importante é a *intensidade*, e não a *duração* da experiência.

O inesquecível é inesquecível porque não acontece todo dia, certo? E porque toda emoção envolvida fica concentrada em um espaço curto de tempo, como a explosão de uma bomba.

Quando seu time ganha ou perde uma final de campeonato, você não lembra dos noventa minutos de jogo.

Você lembra do gol decisivo, da bola na trave, *daquela* defesa do goleiro, do pênalti perdido.

Aquela uma hora e meia pode até ser memorável, mas é a intensidade de emoções concentradas, às vezes em um único lance, de meio segundo, que grudam para sempre na nossa memória.

Fernando Pessoa, um dos maiores poetas da língua portuguesa e, na verdade, de qualquer língua, conhecia essa realidade:

Nas palavras dele:

O valor das coisas não está no tempo que elas duram, mas na intensidade com que acontecem. Por isso, existem momentos inesquecíveis, coisas inexplicáveis e pessoas incomparáveis.

Se você quer ser incomparável, tem que saber valorizar a intensidade da sua presença.

Não entregue tudo em uma conversa.

Seja imprevisível, tome atitudes que os outros não esperam. Confunda, dependendo da situação.

Confundir pode ser mais eficiente que explicar.

Ousadia é atraente, agir e pensar fora da caixa é sedutor.

As pessoas, em geral, são previsíveis. Não porque querem, mas porque, socialmente, existe um comportamento considerado "normal" e esperado.

Existe um consenso implícito e coletivo sobre o que é "normal" ou "real" e sobre o que é "diferente" ou "irreal".

Isso se chama *realidade de consenso*.

Vou dar um exemplo caricato, mas que explica bem o que isso significa.

Todos concordam que a quantidade X de dinheiro compra Y de qualquer coisa. De sofás, por exemplo.

Então, espera-se que, quando você vai a uma loja comprar um sofá, eles aceitem dinheiro vivo, cartão ou transferência bancária.

O valor do dinheiro é determinado pelo consenso de que o papel que você leva na carteira compra coisas.

Agora, imagine que o dono da loja de sofás não aceita dinheiro. Em vez de dinheiro, ele quer um abraço.

Como você reagiria?

Com surpresa, certo?

Você vai achar o sujeito, no mínimo, "diferente".

Com toda razão por que, de fato, ele não age segundo as regras desse consenso coletivo.

Se você tem um negócio, você quer dinheiro. Mas o dono da loja de móveis quer abraços.

Essas pessoas, que não agem conforme o esperado, que fogem dos padrões, são enigmáticas. E enigmas seduzem porque sentimos a necessidade de decifrá-los.

Por que esse sujeito age assim?

Ele é maluco?

Como pode alguém não aceitar dinheiro?

O que está por trás disso?

Pessoas "excêntricas" despertam nossa fantasia e imaginação.

Elas não temem ser elas mesmas. Parecem estar confortáveis com a própria natureza, são confiantes o suficiente para ter a audácia de agir de maneira incomum e inesperada.

Por que nos fascinamos com personagens excêntricos no cinema, por exemplo?

Com cientistas malucos como o Doutor Brown, de *De Volta para o Futuro*? Ou como o Sr. Chow e o Alan de *Se Beber não Case*?

Porque parecem viver em um mundo que não compreendemos. São capazes de nos surpreender. E, neste caso, são também muito engraçados.

Não estou dizendo para você ser artificialmente excêntrico ou rasgar dinheiro.

Não é isso.

Os verdadeiros autênticos por si só são imprevisíveis.

Têm uma atmosfera de imprevisibilidade, despertam o sentimento de que "qualquer coisa pode acontecer". Surpreendem e ativam a imaginação dos outros.

Deixe as pessoas curiosas a seu respeito.

Cultive a aura de que sempre tem mais a oferecer, de que sempre tem um ás na manga. De que existe mais a revelar.

Use a criatividade para resolver problemas, desenvolva sua capacidade de improvisar e lidar com imprevistos.

Não se limite a fazer sempre a mesma coisa, do mesmo jeito. Esteja aberto ao imponderável e aja com audácia quando a oportunidade aparecer.

Ser alguém que satisfaz, que é agradável e ainda tem mais a oferecer é um dos maiores segredos de uma pessoa socialmente inteligente.

Ter sempre uma carta surpresa e deixar pontas soltas gera dois resultados práticos:

O primeiro é que você será insubstituível.

LEI 18
VALORIZE SUA PRESENÇA

Já disse: a gente valoriza o que é escasso.

Isso não é racional, é instinto.

Não é culpa do sistema, do contexto familiar ou do ambiente social.

Valorizar o que é escasso vem no nosso sistema operacional, de fábrica.

As crianças, por exemplo.

Ainda não foram totalmente educadas, não sabem o que é capitalismo ou socialismo. Não conhecem o conceito de civilização nem desenvolveram plenamente a racionalidade.

E, mesmo assim, valorizam o que é escasso e banalizam o que é abundante.

Quer uma prova?

Repare como se comportam as crianças que têm muitos brinquedos. Um baú cheio.

Não dão o mesmo valor para eles quanto as que têm apenas um ou dois.

Enquanto para as primeiras um brinquedo é só mais um; para as segundas, um brinquedo é "o" brinquedo.

Valorizar o escasso é tão natural que nosso próprio corpo faz isso. Ele reserva energia em forma de gordura para usá-la no tempo de vacas magras.

Nosso corpo e cérebro praticamente não mudaram nos últimos 200 mil anos.

Instintivamente, o alimento é um recurso escasso cuja obtenção demanda uma quantidade de energia enorme para ser caçado ou coletado.

Nosso cérebro ancestral não sabe que podemos nos empanturrar com 30 quilos de batata frita e hambúrguer, se quisermos. Que podemos ir à esquina, sentados em um carro, gastando quase zero caloria, e abastecer as reservas.

Esse instinto valorizador ou banalizador também vale para emoções, sentimentos, atenção e tempo.

E para sua presença e imagem sociais.

Quanto mais você se mostra disponível, mais descartável parece aos olhos dos outros.

Quanto mais aparece, menos sua presença é valorizada.

Quanto mais acessível parece, mais "barato" parece.

Quanto menos você é visto, quanto menos se expõe, mais ativa a imaginação das pessoas. Quanto mais você está presente e em evidência, mais "concreto" você é.

Ou seja, ninguém precisa pensar sobre você, ninguém sente sua falta, ninguém fantasia sobre o que você é ou não, sobre o que anda fazendo ou não.

Não precisam imaginar porque estão te vendo e ouvindo. Você não precisa tentar imaginar um quadro que está na sua frente, certo?

Por exemplo: sua mulher ou marido foi viajar, e vocês se gostam muito.

De repente, até mesmo os "defeitos" dele ou dela começam a fazer falta. A ausência da pessoa amada faz com que você passe a valorizar pequenas ações ou manias que o convívio banalizou.

Uma pessoa socialmente inteligente conhece o valor da ausência na valorização da própria imagem.

As redes sociais são um termômetro de como a banalização pode afetar nosso "valor" social.

Hoje as pessoas buscam a superexposição. Postam dezenas de fotos nas redes sociais. Dão opinião sobre tudo, falam sobre qualquer coisa que passe pela cabeça.

Isso banaliza sua imagem.

Quanto mais você fala, menos é ouvido. E, da mesma forma, quanto menos costuma falar, mais é ouvido.

Se você fala demais sobre tudo, dá pitaco sobre qualquer coisa, expõe demais o que está na sua cabeça, suas palavras perdem valor.

Quanto mais abundante é um produto, menor o valor.

Se você fala apenas quando realmente tem algo a dizer, as pessoas vão te ouvir mais. Porque sabem que, quando você abre a boca para falar, tem realmente algo a dizer.

A reação é: "Vamos ouvir porque ele está falando."

Sua ausência valoriza sua presença.

Não inunde seu perfil nas redes sociais com *stories*. Seja econômico. Quando você publicar algo, as pessoas vão querer ver. Seja criterioso.

O Michael Jackson, por exemplo. Você acha que se estivesse vivo postaria *stories* mostrando a intimidade? Cinco, dez vezes por dia?

Claro que não.

As celebridades mundialmente famosas conhecem o perigo de banalizar a própria imagem. Não estou falando de subcelebridades que são famosas, mas ninguém sabe bem o porquê. Estou falando de estrelas admiradas como Leonardo DiCaprio ou Meryl Streep.

Elas aparecem quando têm um propósito, quando realmente têm algo a mostrar ou a dizer. Revelam menos do que gostaríamos.

Na verdade, escondem mais do que revelam.

Não porque tenham algo a esconder, mas por saberem que revelar demais faz com que o público fantasie de menos.

E o combustível da indústria do entretenimento é a imaginação do público.

Veja o Silvio Santos.

Já disse: ele é gênio do *social hacking*.

Você vê o Silvio Santos em comercial de desodorante?

Sendo garoto-propaganda das próprias empresas dele?

Dando entrevistas como convidado em algum programa?

Fazendo *stories* no Instagram?

No baile não sei de onde? Na festa não sei de quem?

Nunca.

Ele só aparece publicamente aos domingos, na emissora dele, no programa dele.

A ausência valoriza a presença.

É importante que as pessoas sintam nossa falta.

É essencial que sintam saudade.

Saudade é um sentimento ligado à ausência. À falta de alguém, de um lugar ou de uma experiência prazerosa já vivida.

Despertar saudade é despertar ausência. Quanto mais saudade provocamos, maior nosso valor.

Temos saudade não necessariamente de uma pessoa, certo?

Pode ser de uma comida ou, por exemplo, do sorvete X.

Não de qualquer sorvete, mas *daquele* específico que você provou há dez anos, durante *aquela* viagem para a praia.

Na rua da sua casa, talvez, haja um sorvete mais saboroso e cremoso que o X. Receita italiana, coisa fina mesmo. Mas ele não tem o mesmo sabor.

Não têm o mesmo sabor porque não são feitos com o ingrediente que faz toda a diferença: sua memória afetiva.

O sorvete *gourmet* vendido na sua rua não vem com sentimentos e histórias. Não ativa emoções. Não mata saudade.

Entende onde quero chegar?

Você tem que despertar bons sentimentos nas pessoas, tem que ser uma fonte de prazer, sim. Mas elas precisam sentir falta do prazer da sua companhia. Precisam sentir sua ausência.

Por isso, você não pode ser o sujeito que não sabe a hora de ir embora. Não pode ser o primeiro a chegar e o último a sair de uma festa, por exemplo.

Não pode ser a pessoa que faz os anfitriões pensarem: "Eu gosto do fulano, mas como faço pra mandar ele embora sem ser indelicado?".

Você tem sempre que deixar um "gostinho de quero mais".

Faça as pessoas virem até você, jogue as iscas certas. Não permita que suas atitudes colem um rótulo de "disponível" em sua testa.

Permita que sintam saudade, despertando emoções prazerosas e cultivando uma imagem de imprevisibilidade.

Deixe as pessoas fantasiarem sobre o que anda fazendo, ou sobre o que anda pensando. Já expliquei que você não deve entregar tudo, e isso inclui sua presença.

Invista na escassez para valorizar suas ações na bolsa de valores social. Não siga a manada desesperada para aparecer nas redes sociais. Dose a exposição de sua imagem e opiniões para ser admirado.

É preciso sair de cena antes que ninguém mais se importe com sua presença ou com a falta dela.

Isso também vale para relações amorosas. O encanto pode desbotar sem percebermos.

Sabemos demais sobre a parceira ou parceiro. Não há mistério ou surpresas.

É o famoso "caiu na rotina".

É preciso, eventualmente, criar uma atmosfera de mistério. Dessa forma, seus sentimentos serão mais valorizados quando demonstrados. Depois dessa ausência calculada, ofereça uma aventura-surpresa.

Não estou falando de sair para comprar cigarro e voltar três meses depois.

Mas de seduzir com sugestões, de não colocar todas as cartas na mesa, de deixar algo no ar. Não ofereça certezas, deixe o outro imaginar.

Na navegação social, dar um tempo de festas e eventos fará sua presença ser mais notada quando resolver dar as caras.

Quando decidir aparecer, use sua inteligência social para causar boas sensações.

Napoleão Bonaparte, general e imperador, encerra o capítulo desta lei:

Se me virem com frequência no teatro, o povo vai deixar de me notar.

LEI 19

FAÇA A SORTE ACONTECER

Eu era um jovem de 18 anos apaixonado por televisão e "bicho" na faculdade de Rádio e TV.

Como todo jovem, precisava de um emprego, e botei na cabeça que tinha de arrumar um estágio logo no primeiro semestre.

A alternativa para os calouros era estagiar em rádio. Nenhuma emissora de televisão costuma pegar estagiários do primeiro ano.

Meus colegas pesquisavam os *e-mails* das rádios para enviar currículos. Como a maioria dos jovens de 18 anos, meu currículo se resumia a nome, endereço, *e-mail*, telefone e faculdade. Não dava nem meia página.

Digitei o meu usando a fonte chique da época, a *Times New Roman*. Usei letras grandes para ocupar mais espaço e fui pesquisar os sites das rádios.

Mas, diferentemente dos meus amigos, não pesquisei *e-mails*.

Pesquisei endereços, onde as rádios ficavam fisicamente, não virtualmente.

Não, eu não ia enviar meu currículo pelo correio. Eu iria pedir emprego batendo de porta em porta.

Na minha cabeça, lotar a caixa de *e-mail* das emissoras não fazia sentido. Todo mundo fazia isso, e meu currículo seria só mais um.

Eu tinha que me apresentar pessoalmente, as pessoas tinham que ver a minha cara, e eu tinha que convencê-los a me arrumar um estágio.

Como tirar xerox era mais barato que imprimir, imprimi um documento e tirei várias cópias.

Para quem não conhece São Paulo, a maioria das rádios fica na Avenida Paulista. Da minha casa até a Paulista dava uns dois quilômetros. Na caminhada, a primeira emissora que visitaria seria a Energia 97 FM, e a última, a Jovem Pan, a rádio em que eu mais gostaria de estagiar.

Era a emissora mais disputada, a mais "jovem", objeto de desejo de qualquer estudante de Rádio e TV. Era fã dos programas, comprava os CDs do "As 7 Melhores da Pan". Quem é da época, lembra!

Comecei minha jornada, de porta em porta.

Chegava na recepção, me apresentava e pedia para subir nos estúdios. Se permitissem, eu subia. Se não, deixava a xerox na portaria.

Ia até onde deixavam.

"Bom dia, meu nome é Elcio, sou estudante de Rádio e TV, queria saber quem cuida dos estagiários. Estou com meu currículo aqui."

Me sentia feliz só de conhecer as rádios.

E... de rádio em rádio, uns diziam que me ligariam se precisassem, outros recebiam meu currículo e agradeciam, mas nada de concreto.

Restava a última da lista: a Jovem Pan. Avenida Paulista, 807, esquina com a Joaquim Eugênio de Lima.

Troquei ideia com o porteiro, que me deixou subir. Saí do elevador e dei de cara com o estúdio de vidro. Próximo à hora do almoço, o Pânico estava no ar. Me sentia criança na Disney.

Segundo a recepcionista, o responsável pela contratação de estagiários era o Zinho:

"O Zinho não está. Está em horário de almoço."

"E como é esse Zinho?", perguntei.

"É um japonês".

"Tá legal! Obrigado!"

Fiquei lá no corredor esperando.

O Zinho só apareceu uma hora depois. Quando o vi, me apresentei, com aquela empolgação rara e genuína de uma criança.

Ele respondeu:

"Ô garoto! Legal, legal, vamos dar uma volta, deixa eu te mostrar a rádio."

Meu possível futuro chefe me mostrou a redação, os estúdios, as salas de reunião e me levou até a copa para um café.

"Gostou?", perguntou.

"Claro!".

"Você deu sorte. Estamos com uma vaga de estágio aberta. Pode começar amanhã?".

"Posso começar agora!".

"Agora não. Primeiro você tem que levar os documentos no RH. Traz tudo amanhã e está contratado."

Eu era o mais novo estagiário da Jovem Pan, e ele nem sequer tinha lido o meu currículo. Tudo bem, não tinha muita coisa pra ler mesmo.

Saí caminhando nas nuvens. Sentia como se o mundo fosse meu.

Quando contei a história aos colegas de curso, a reação foi unânime:

"Sensacional! Parabéns! Que sorte!".

Na época também pensei isso: "Que sorte!".

O próprio Zinho disse: "Você deu sorte. Estamos precisando de um estagiário."

A questão é: foi sorte?

Você pode dizer que sim, e está correto.

Foi sorte a Jovem Pan ter uma vaga de estágio aberta?

Sim, foi sorte.

É razoável definir sorte como "estar no lugar certo, na hora certa"?

Sim, é razoável.

Contudo, se tivesse ficado em casa enviando *e-mails* como todos os outros, essa sorte não teria acontecido.

Ele estava precisando de um estagiário. Em vez de ficar abrindo centenas de *e-mails*, agendando entrevista, eu apareci na frente dele.

Ninguém tem bola de cristal para saber qual é a hora e o lugar onde a sorte vai se apresentar. Fazemos a sorte acontecer quando nos abrimos para o imponderável.

Quanto mais você circula, quanto mais gente conhece, quanto mais se conecta, mais sorte tem.

Sair da bolha é trazer as possibilidades infinitas do imponderável para jogar a seu favor.

Inteligência social é conseguir se conectar com qualquer um, em qualquer ambiente. Pessoas que você nunca viu, ou de quem você nunca esperaria uma oportunidade, podem abrir portas.

Mas, para isso acontecer, as suas também devem estar abertas.

O que significa estar com as portas abertas?

Vamos deixar as metáforas de lado e pensar como isso se traduz na prática.

É mais simples do que imagina.

Viver com as portas abertas é, basicamente, dizer "sim".

Como assim, Elcio?

Na Lei 5, expliquei que nosso objetivo na persuasão é conquistar o "sim" das pessoas. Mas para a sorte trabalhar a seu favor, *você* também tem que dizer sim.

Sim para a vida, para novas experiências. Sim para convites. Sim para as pessoas.

Temos a tendência de nos preservar. É natural ter receio do desconhecido. Por isso, para muita gente, a primeira reação é de dizer "não", ou de não escolher o caminho improvável, diferente.

Muitos estão confortáveis no piloto automático, com preguiça de pensar ou falta de paixão pelo que fazem. Acabam todos fazendo tudo como sempre fizeram, sem se questionar como poderiam fazer diferente, por que fazer isso ou aquilo?

Em vez de dizer "não", pergunte-se: "Por que não?"

Dizer sim e agir no "modo sim" pode mudar completamente sua vida.

Alguém que você não esperava pode ensinar algo que você vai usar um dia.

Um desconhecido pode te dar o *insight* que você estava precisando.

Cada pessoa é uma oportunidade. E cada oportunidade pode se multiplicar em centenas ou milhares de outras.

Portanto, mergulhe nas possibilidades do imprevisível e faça a sorte acontecer.

Uma das formas de se abrir para o imponderável é, como já disse, perguntar-se: "Por que não?".

Digo e repito: isso muda a sua vida para melhor.

Às vezes as transformações são grandes e visíveis. Outras, parecem pequenas e só percebemos a grandeza delas depois.

Aceitar uma mudança de emprego, de profissão, abraçar uma ideia maluca de negócio, dizer sim para uma nova amizade.

Não importa o que aconteça ou deixe de acontecer. Às vezes nossa visão das coisas é míope. Você não nota muita diferença, mas está, no mínimo, enriquecendo sua história de vida e seu repertório de experiências.

E as lições que você aprendeu, sem perceber, ao dizer sim vão ser determinantes quando menos espera.

Pode apostar.

Nesta mesma época em que estava na faculdade, meu amigo Kardman, que é mágico, me convidou para ser assistente dele em algumas apresentações que faria em uma grande empresa em Goiânia.

Isso mesmo, assistente de mágico.

Eu era estudante de Rádio e TV, estava focado em edição nessa época. Já tinha começado a gravar os vídeos que viriam a formar meu site pouco tempo depois.

O que a maioria no meu lugar pensaria? "Assistente de mágico? Tá maluco?"

Não pensei duas vezes: disse sim na hora.

"Porra! É claro! Bora pra Goiânia fazer mágica!".

Mas por que, Elcio?

Aí eu te pergunto: por que não?

E lá fui eu.

Quem já foi em show de mágica sabe: as assistentes geralmente são mulheres. Além de auxiliar na preparação e execução do número, também têm a função de distrair a audiência. O mágico te induz a focar sua atenção para um movimento e faz o truque com outro.

Eu não era um assistente dos melhores. Nunca tinha feito aquilo, às vezes me confundia. Mais uma vez, estava aprendendo fazendo.

Depois de Goiânia, fomos para Brasília, em outro puta evento empresarial, dessa vez maior.

O Kardman sempre foi muito ligado em tecnologia, gostava de misturar seus truques com intervenções digitais. Em vez de adivinhar uma carta de baralho, ou de descobrir no que alguém estava pensando, ele fazia a imagem aparecer num telão.

Minha função era ficar escondido atrás do palco, controlando um aparelho de DVD que ele tinha programado. Dependendo do número que eu apertasse aparecia uma imagem.

Ele tinha combinado comigo algumas palavras-chave. Dependendo do que dissesse no palco, eu apertava um número nos bastidores.

Esse era o truque. O responsável por fazer o objeto aparecer no telão era eu.

Eu disparava a imagem através de um controle remoto com dez botões. Do número zero ao nove. O controle acionava o aparelho e a imagem era projetada, para a surpresa de todos.

Era o clímax do *show*.

O momento em que a audiência fazia "ohhhhhh".

Em todas as apresentações que fazíamos, cada vez que eu, escondido ali atrás do palco, apertava o botão, ouvia esse "ohhhhh" seguido de aplausos.

Naquela noite em Brasília, com centenas de pessoas na plateia, apertei o botão e esperei pelo "ohhhhhhh".

Mas não teve "ohhhhhh".
Também não teve aplausos.
Pensei: "Deu merda".
Eu tinha apertado o botão errado.
Tinha que apertar o botão de "avião", mas me confundi e apertei o de "melancia".
O clímax tinha ido para o brejo.
Algumas pessoas aplaudiram por pena. Uns cinco ou seis aplausos romperam o silêncio no auditório.
Foi tão constrangedor que até eu, que estava escondido, senti vergonha.
Apesar do fiasco em Brasília, ter sido assistente de mágico foi... mágico.
Mesmo tendo sido um assistente mais ou menos, me diverti muito.
Conheci pessoas e lugares que nunca visitaria se não fosse por essa experiência.
Até hoje quando encontro o Kardman rimos dessa história.
Mas não foi só isso que guardei de positivo.
Por causa do código de ética dos mágicos, o Kardman não me contava como os truques eram feitos. Ele explicava o que eu tinha que fazer, sem revelar o truque.
Mesmo assim, aprendi vários apenas observando. Principalmente, compreendi mecanismos que estão por trás de todos os truques de mágica. E eles dizem muito sobre como a mente humana funciona.
Anos mais tarde, esse conhecimento foi fundamental na minha carreira na televisão.
Esse trabalho foi a minha primeira oportunidade de entender a mentalidade do ilusionista. A importância

da distração, de dirigir o foco de atenção das pessoas, de surpreender na hora certa. De valorizar ações e palavras como um verdadeiro *showman*.

Esse conhecimento foi especialmente útil quando comecei a gravar testes psicológicos com câmeras escondidas.

POR EXEMPLO:

Minha matéria-prima era a reação das pessoas, e era preciso documentá-las da maneira mais autêntica possível. Obviamente, as imagens tinham que ser boas e, claro, as pessoas não podiam perceber que estavam sendo gravadas.

Esconder câmeras é muito mais eficiente quando há distrações, quando desviamos o foco de atenção das pessoas. Às vezes, você pode colocar uma câmera praticamente na cara de alguém e, com a técnica correta, a pessoa não vai perceber.

Dominar o foco de atenção, que é o segredo do ilusionismo, pode ser útil em qualquer contexto. Seja no palco de mágica, na televisão e na vida. Ser assistente de mágico foi uma faísca para que eu mergulhasse no universo do comportamento humano.

Quando escolhemos dizer sim, quando estamos abertos, os presentes do imponderável surgem como mágica, criando possibilidades antes inimagináveis.

Bobby Kennedy, procurador-geral dos EUA nos anos 1960, conclui esse capítulo citando o escritor irlandês George Bernard Shaw:

Algumas pessoas vêem as coisas como são e se perguntam "por quê?". Eu sonho com coisas que nunca foram e me pergunto "por que não?".

LEI 20
FALE COM QUEM MANDA

Eu mal tinha 20 anos, ainda não era formado, e já tinha trabalhado na Jovem Pan, sido editor da RedeTV e criado um site de vídeos que explodiu de audiência antes de existir o YouTube.

Estava no céu.

E do céu para o inferno, é um passo.

Da noite para o dia, me vi com uma dívida impagável.

Com 20 anos, tinha uma dívida 400 vezes maior do que achava que tinha. Não sabia que a dívida existia porque não li as letras miúdas do contrato.

Não estou brincando, o valor no boleto era realmente 400 vezes maior do que eu esperava.

Na próxima lei conto essa história.

O importante agora é entender que eu estava ferrado.

Depois de outra história, que também deixo para depois, consegui um emprego salvador no *Programa Silvio Santos*.

Era minha chance de redenção e de sair da falência. Eu estava radiante.

Você sabe que sou fã do Silvio.

Porém, meu estágio no *Programa Silvio Santos* durou menos de cinco horas.

Como isso aconteceu?

Meu trabalho no SBT era pesquisar imagens para o programa *O Maior Brasileiro de Todos os Tempos*, uma espécie de eleição para escolher a personalidade mais importante da nossa história.

Era um projeto pessoal do Silvio Santos, então em fase de pré-produção. A equipe, naquela altura, era apenas a diretora e eu.

Gostava muito daquele trabalho.

Passava o dia consultando o acervo, assistindo vídeos, separando as melhores imagens e pesquisando biografias de personalidades como Pelé, Ayrton Senna, Juscelino Kubitschek e Dom Pedro I.

Saía para almoçar e cruzava com Ronald Golias, Carlos Alberto de Nóbrega, Ratinho. Todos ídolos de infância.

Depois de algumas semanas, cheguei para trabalhar e minha diretora avisou que *O Maior Brasileiro de Todos os Tempos* tinha sido cancelado. Eu seria transferido para a produção do *Programa Silvio Santos*.

O programa só foi lançado quase dez anos depois, em 2012.

Até aí, tudo bem, não perderia o emprego e trabalharia no programa do dono da emissora.

Cheguei para trabalhar às 9h. Uma hora depois recebi a notícia de que seria transferido e, às 11h, me apresentei na produção do *Programa Silvio Santos*.

Assim que entrei na sala, percebi que seria apenas mais um.

Devia ter mais de cem pessoas trabalhando. Nunca tinha visto uma equipe com tanta gente. Acho que, até hoje, nunca vi.

Saquei, na hora, que passaria de pesquisador de imagens para estagiário que busca café.

Na verdade, buscar café teria sido um trabalho melhor. Devem ter pensado: "Não demite o moleque, não. Bota ele aí para fazer qualquer coisa."

Minha nova função seria assistir e ouvir horas e horas de paródias e transcrever tudo, palavra por palavra.

À mão.

Ao meio-dia, um produtor que já estava há anos no *Programa Silvio Santos* me apresentou para uma pilha de fitas. Sem brincadeira, eram umas 100 fitas.

"São essas aqui?", perguntei.

"Não! Tem paródia para caramba na fitoteca. Trabalho não vai faltar!".

Ele falou como se fosse uma coisa boa.

Teria emprego garantido enquanto houvesse paródias para transcrever. E, pela quantidade de fitas, daria para me aposentar só fazendo isso.

Cada estagiário tem uma função.

A minha seria transcrever paródias.

À mão.

No caderninho.

Sem computador.

Qual estagiário de Rádio e TV não gostaria de uma vaga no SBT?

No programa do dono da emissora, o maior comunicador brasileiro?

No ar desde 1963, sem interrupções. A atração apresentada pela mesma pessoa mais duradoura da história da televisão mundial?

Qualquer estagiário, menos eu.

Passaria a vida transcrevendo paródia e não conseguiria concluir a tarefa.

O pior é que eu sabia, meu chefe sabia, todo mundo ali sabia, dos outros estagiários ao diretor, que aquilo não seria usado para nada. Foram legais, não queriam me demitir e arrumaram alguma coisa pra eu fazer.

Mas eu tinha que dar um jeito de sair antes de começar.

E consegui.

Ao meio-dia, estava encarando uma pilha monstruosa de fitas.

Duas horas depois, eu tinha virado editor de um novo projeto, até então sigiloso, do SBT.

Como fiz isso?

Falando com quem manda.

Esse é um dos grandes segredos da negociação, fundamental em qualquer processo de persuasão.

Uma pessoa socialmente inteligente sabe persuadir.

Sabe conseguir o que quer com a ajuda das pessoas.

Sabe fazer com que queiram o mesmo que ela.

Mas muitas vezes, quem está ao seu redor ou ao seu lado não tem o poder de te ajudar ou atender seus objetivos.

Na maioria das vezes, você vai desperdiçar tempo e energia tentando conseguir o que quer com intermediários. Ou negociando com quem não pode dar o que você precisa, por mais boa vontade que tenha.

Saí para o almoço, meio desanimado, e cruzei, por acaso, com um amigo na praça de alimentação.

Era meu ex-chefe, o diretor com quem trabalhei na RedeTV. Ele tinha acabado de ser contratado para dirigir um projeto novo no SBT.

Foi o cara que me deu o primeiro emprego na televisão. Conhecia meu trabalho e confiava em mim.

Expliquei a situação e pedi que ele me colocasse na equipe dele.

"Olha, Elcio, acabei de ser contratado. Não posso sair decidindo essas coisas. Claro que gostaria de você na equipe, mas não tenho esse poder."

"Não tem ninguém com quem eu possa conversar?".

"Bom, aqui quem manda é o Silvio."

"Mas não tem ninguém no meio do caminho? Um diretor?"

"Pode até ter, mas quem decide é o Silvio."

"Então vou falar com ele."

Meu amigo me olhou, surpreso:

"Você vai até o Silvio?".

"Se é ele quem decide, sim."

Ninguém chega batendo na sala do Silvio pedindo favor. Ainda mais um estagiário.

Menos eu.

Eu teria que dar um jeito de falar com ele.

As pessoas acham que você é maluco quando quer falar com quem manda.

Pouca gente tem essa mentalidade.

Veja bem: não se trata de atravessar os outros.

Isso você não pode fazer.

Não estou falando de dar "carteirada" ou desrespeitar intermediários.

Existe hierarquia mas, como já disse, às vezes a função dos que estão entre você e quem manda é, justamente, não permitir que *você* acesse o topo da pirâmide.

Tem horas que precisamos tomar uma atitude. E naquela hora o que eu tinha de fazer era falar com o Silvio, sem nem saber onde ficava a sala dele.

O SBT é gigantesco.

Saí pelos corredores perguntando:

"Boa tarde, onde fica a sala do Silvio?".

Me olhavam como se eu fosse um ET.

"Qual Silvio?".

"Silvio Santos."

"Para que você quer saber?".

"Preciso conversar com ele."

Os funcionários achavam estranho, com razão.

Como disse, ninguém vai à sala do Silvio "conversar com ele". Muito menos um estagiário.

Alguns com mais tempo de casa também não sabiam informar.

E lá estava eu, recém-contratado, prestes a bater na porta do dono do SBT, para pedir que me tirasse do programa *dele* e me colocasse em outro.

Antes de entrar na sala e falar com a secretária, lembrei-me de uma experiência do tempo de colégio.

Foi o dia em que aprendi essa lei.

Eu estudava no Colégio Rio Branco, em São Paulo.

Era um aluno que gostava de bagunça, não vou mentir, mas era querido por todos.

A primeira conversa que tive com a pessoa que, indiretamente, me ensinaria essa lição foi para tomar uma suspensão.

Estava cabulando aula e fui pego no flagra.

Lá fui eu para a diretoria.

O diretor da unidade em que estudava era o Acelino Scalquette, conhecido pelos alunos apenas como Scalquette, um ser humano fantástico.

Ele estava na mesa dele, me esperando.

"Elcio, você estava cabulando aula?".

"Estava."

"Olha, vou ter que te dar uma suspensão."

"Pô, Scalquette! Alivia pra mim, aí! Me dá uma advertência, pô! Vai me suspender só porque matei uma aula?".

Ele tirou um livro da gaveta. Capa de couro, já com as folhas amareladas, parecia ter uns cem anos.

"Veja bem, Elcio... este aqui é o *Estatuto do Aluno do Rio Branco*. Como você pode ver, aqui diz que, se o aluno for pego cabulando aula, a punição é de um a três dias de suspensão. Mas como gosto de você, vou te dar só um dia."

"Pô, Scalquette! Passa um pano, aí! Ninguém precisa ficar sabendo, não vou falar nada!".

"O problema, Elcio, é que seus amigos sabem que você estava matando aula. Imagine se todo mundo começa a cabular aula porque não tem punição? Se eu não te suspender, vai virar bagunça."

"Pô, Scalquette, é verdade. Você tá certo!"

Tomei a suspensão feliz. Poderia pegar três dias. Peguei um só. Pena mínima.

Um tempo depois, estava na frente do colégio, depois da aula, conversando com uns amigos, e começou uma confusão.

Duas alunas começaram a sair no tapa.

E, claro, como em todo colégio do mundo, formou uma rodinha de torcedores:

"Briga! Briga! Briga!".

Tinha um monte de gente em volta, mas muita gente mesmo. Não dava para ver nada. Ainda mais eu, que nunca fui dos mais altos.

Eu só queria ver a confusão. O que fiz?

Subi na árvore.

Fiquei ali, de boas, sem falar nada, assistindo de camarote.

Tinha tanta gente, que o segurança do colégio não conseguia abrir caminho para separar as meninas.

Ele simplesmente não conseguia chegar até elas.

O que o segurança fez?

Me viu ali na árvore, puxou minha perna, me derrubou, e resolveu me "pegar para Cristo". "Já que não consigo resolver a briga, preciso foder alguém", foi isso que ele pensou.

Lá estava eu, de novo, na sala do Scalquette. Agora acompanhado do segurança, que entrou na sala acusando:

"O Elcio estava em cima da árvore causando a maior confusão."

Como já disse, eu não era santo.

Gostava de bagunça mas não saía na mão com ninguém. Até porque era amigo dos encrenqueiros, que "compravam" minhas brigas.

Eles não apenas compravam, como gostavam quando rolava alguma "desavença" contra mim.

Eu era de boa, não saía arrumando motivo para confusão. Mas, de vez em quando, arrumavam comigo.

Resumindo: eu tinha fama de bagunceiro. E tanto o Scalquette quanto o segurança sabiam disso.

"Scalquette, eu não fiz nada! Eu só subi na árvore pra assistir as meninas brigando! Ele que me derrubou! Eu tava só assistindo!".

Ele olhou para o segurança e deu um esporro:

"Duas alunas brigam na frente do colégio e você me traz o Elcio? Que negócio é esse? O que o Elcio está fazendo na minha sala enquanto duas meninas estão brigando lá fora?".

O diretor me deu razão. Era um cara justo.

Quando o correto era me suspender, me suspendeu. Quando o correto era me liberar, me liberou.

E como ele me ensinou, muitas vezes só conseguimos o que queremos falando com quem manda.

Quando ele próprio não pôde resolver um problema meu.

Era começo do ano letivo.

Eu estudava no período da tarde, e tinha me transferido para o da manhã, assim como praticamente toda a minha classe. Meus amigos da tarde foram transferidos para a mesma sala, criaram uma classe no período da manhã só com alunos que eram da tarde.

Todos meus amigos foram para essa sala menos eu.

Acabei ficando de fora, me colocaram numa classe em que não conhecia ninguém.

Fui conversar com o Scalquette:

"Scalquette, vocês me colocaram na sala errada! Toda a minha turma tá no 2ºUni-4, e eu tô na 2ºUni-2!".

"Veja bem, Elcio... você tem que entender que a classe está muito grande na 2ºUni-4. Já tem alunos demais e resolvemos dar uma equilibrada."

Ele tinha razão. Realmente a sala dos meus amigos tinha mais alunos que as outras.

"Poxa, Scalquette... mas logo eu? Dá um jeito pra mim, por favor! Todos meus amigos na mesma sala e justo eu fiquei de fora?"

"Elcio, dessa vez não posso fazer nada. Você tem que entender."

Tentei resolver minha situação com ele, o diretor da unidade. Falei com quem mandava, mas não consegui o que queria.

Porém, naquele mesmo dia, estava matriculado na mesma sala dos meus amigos.

Como?

Todo chefe tem um chefe. É só procurar direito que você acha.

O Colégio Rio Branco pertence à fundação Rotary Club. Para quem não conhece, o Rotary é uma entidade filantrópica centenária, com mais de um milhão de associados no mundo todo. São milhares de sedes espalhadas pelo planeta.

O Scalquette era diretor da minha unidade. Pensei: "Tenho que falar com o diretor-geral dos colégios Rio Branco."

Era na porta dele que eu tinha de bater.

Era o Professor Primo.

O Primo era o Silvio Santos do Rio Branco. O dono da caneta e, no caso do Silvio, da caneta e do *Baú*.

A sala dele ficava no último andar do mesmo prédio que era o meu colégio.

Lá fui eu, e a secretária me atendeu:

"Olá! Pois não?".

"Tudo bem? Eu gostaria de falar com o Professor Primo."

"Só um minuto, por favor."

Ela se levantou, foi até a sala dele e eu ouvi ela dizer de longe:

"Professor, tem um aluno do Rio Branco querendo falar com o senhor."

Ela voltou e disse para eu entrar.

Entrei na sala, uma puta sala gigante, com uma vista incrível de São Paulo. Uma biblioteca enorme, obras de arte, sofás, mesa de reunião, televisão.

Lá estava ele, com seus mais de 80 anos de idade, vestindo um terno elegante, e eu, com meus 15, vestindo uniforme e tênis detonado de jogar bola.

Ele foi extremamente acolhedor e solícito. Outro ser humano espetacular.

"Olá, meu garoto! Em que posso ajudar?".

Contei a história, e perguntei se ele poderia me colocar na sala dos meus amigos.

"Olha, Elcio, eu acredito que escola é muito mais do que formar estudantes. Muito mais do que ensinar matemática ou geografia. A escola é um lugar de convivência, de cultivar amizade que vamos manter para o resto da vida."

Ele falou de um jeito tão sincero, me deu tanta atenção, que me surpreendi.

"Você quer estar com seus amigos? Então você vai estar com seus amigos!".

Pegou um pedaço de papel e caneta e começou a escrever:

"Qual é a sala que você quer ficar?".

"É a 2ºUni-4, professor."

Escreveu uma carta e assinou:

"Você vai levar essa carta com minha assinatura para todos os professores, dizendo que está na 2ºUni-4, ok? A partir de agora, Elcio, você é aluno da sala 2ºUni-4!"

Eu mal podia acreditar:

"Sério?".

"Sério, garoto! Vá estudar com seus amigos e seja feliz!".

Foi exatamente o que fiz. Fui estudar com meus amigos e fui feliz, graças à canetada de quem realmente mandava.

Agora, voltando ao SBT.

Eu estava prestes a bater na porta do Silvio Santos.

O comunicador mais importante da história brasileira. O dono de todo aquele lugar onde eu estava.

Da mesma forma que fiz com o Professor Primo, bati na sala do Silvio Santos.

"Pois, não?", perguntou a secretária.

"Bom dia! Eu gostaria de falar com o Silvio Santos."

"O Sr. Silvio não está."

"Que horas ele volta?".

"Ele não vem. Está viajando."

"Entendi. Quando o Silvio não está, quem fica no lugar dele?".

"Olha, a pessoa mais próxima é o Orlando Macrini."

Macrini foi braço direito do Silvio Santos por décadas. Morreu em 2016. Mais um grande ser humano.

"Então eu poderia falar com o Orlando Macrini?".

"Só um minuto. Qual é o seu nome?"

"Elcio."

A secretária pegou o telefone e discou no ramal:

"Sr. Orlando, estou aqui com um rapaz, o Elcio. Ele gostaria de falar com o senhor... Ah, sim... entendi, obrigado!".

"Pode entrar, Elcio."

Abri a porta da sala e, para minha surpresa, fui recebido como um velho amigo:

"Faaaala, meu garoto! Como você está, meu jovem? Em que posso ajudar? Sente-se, fique à vontade!".

Pensei; "Caramba, que cara legal!".

Ainda não tinha consciência disso, mas, assim como o próprio Silvio, Macrini era um *social hacker*. Tratou um estagiário, alguém que ele nunca tinha visto, como amigo. Me senti imediatamente valorizado.

A verdade é que ninguém conquista uma posição como a dele sem entender esses princípios. E quase ninguém tem coragem de abordar esses sujeitos.

A maioria tem receio, poucos têm essa atitude. E uma coisa que pessoas poderosas respeitam é atitude. Elas próprias têm essa mentalidade.

"Então, Seu Orlando... meu nome é Elcio, acabei de começar como estagiário do *Programa Silvio Santos*."

"Ah, sim, você é o rapaz que estava no *Maior Brasileiro* e foi para o *PSS*. Muito bem. Está gostando de trabalhar aqui?".

"Olha, Seu Orlando, estou gostando muito! É um sonho trabalhar aqui! Trabalhar com profissionais como o senhor, para o Silvio Santos, é um privilégio. Mas acho que poderia ser mais bem aproveitado em outra função."

"É mesmo? O que você tem em mente, Elcio?".

Expliquei a situação. Disse que meu trabalho seria transcrever paródias, que havia encontrado meu ex-diretor na RedeTV, e que gostaria de trabalhar como editor neste novo projeto.

Ele olhou nos meus olhos por alguns segundos, em silêncio.

Pegou o telefone:

"Alô, Ricardo? Aqui é Orlando. Como está? Estou mandando o Elcio aí para a sua produção, ok? Isso, o Elcio

Coronato. Ele vai trabalhar aí como editor se você concordar. Ah, muito bem, então. Um abraço!".

Desligou o telefone:

"Pode ir lá, meu jovem!".

"Mas assim, já?"

"Isso! O Ricardo está te esperando."

"Não preciso ir até a produção do *PSS*?".

"Não precisa. Já está tudo certo. Pode ir fazer o que você sabe."

Foi assim que, em menos de duas horas, passei de ouvinte de paródia para editor, um trabalho que adorava fazer:

Falando com quem resolve.

Se tivesse me contentado com a primeira oferta, teria desperdiçado tempo e talento dentro do almoxarifado, isolado, fazendo um trabalho que não levaria a lugar algum.

Na maioria das vezes, a solução do seu problema não depende apenas de você.

Não importa o que faça ou deixe de fazer, seu sucesso pode estar atrelado a uma decisão simples que, apesar de simples, não é sua.

Não temos controle sobre todas as variáveis. Nem sempre distribuímos as cartas. Talento e competência, por si só, não garantem sucesso.

Nosso destino é do tamanho de nossas possibilidades, e elas aumentam quanto mais nos conectamos. Às vezes, não nascemos com as chaves necessárias para desbloquear territórios.

Essas chaves são os outros. Especialmente quem resolve.

E a inteligência social é o caminho até eles.

LEI 21
RESPEITE O TEMPO

"Cuidado com o que deseja, você pode conseguir."

Esse é daqueles ditados bons.

Experimentei a verdade dessas palavras logo cedo na vida.

Como você já sabe, no começo dos anos 2000, eu era um estudante de Rádio e TV que sonhava trabalhar em televisão, ter liberdade criativa e ser reconhecido profissionalmente.

Com 20 e poucos anos, consegui tudo isso.

Com menos de dois anos de faculdade, meus vídeos já eram destaque na MTV, a emissora dos sonhos de qualquer estudante na época.

Tinha feito estágio na Jovem Pan, então a maior e mais inovadora FM do Brasil.

Fui editor da então recém-inaugurada RedeTV, uma grande escola na minha vida.

Mesmo como assistente, tinha responsabilidade de fechar edição de um programa completo. As equipes eram pequenas e tive de aprender a fazer de tudo, do começo ao fim do processo. Era como cobrar escanteio e correr para cabecear.

Por último, e mais importante, criei um *site* de vídeos que simplesmente explodiu de audiência.

Isso antes de existir o YouTube. Na pré-história da internet.

O YouTube só apareceu em 2005, na Califórnia. Em 2002, eu já tinha criado um "YouTube" brasileiro para publicar meus próprios vídeos.

Naquela época não era simples subir conteúdo em vídeo como hoje: a internet era discada, por telefone fixo, não existia Wi-Fi ou smartphone.

Ninguém publicava vídeos na internet.

Internet era para mandar *e-mail*, ler notícias, fazer pesquisas de texto e entrar em salas de bate-papo. Vídeo era só na televisão.

Os celulares não tiravam foto e não tinham internet, eram só para ligação telefônica, mensagens de texto e joguinhos em 16 bits.

Ainda não tinham inventado o *touchscreen*, e as telas eram cinza e brancas, ou verde e pretas.

Usava a câmera VHS do meu pai, aquelas do tamanho de uma mochila, para fazer o que chamamos hoje de "*vlog*". Uma expressão que ainda nem tinha sido criada.

O fato é fui o primeiro *vlogger* do Brasil.

E, mesmo sendo um dos pioneiros do conteúdo em vídeo na rede mundial de computadores...

Um colonizador de territórios do universo digital, antecipando tendências...

Com um site próprio de vídeos que dava mais de 10 mil visualizações por dia...

... eu me ferrei.

Um parêntese:

Hoje, no YouTube, 10 mil visualizações por vídeo ainda é uma audiência boa. Mas, 20 anos atrás, 10 mil *views* seria o equivalente a dois ou três milhões hoje.

VOLTANDO:

Mesmo com tudo isso a meu favor, cheguei no topo e caí ladeira abaixo.

Por quê?

Porque consegui o que queria, mas não na hora certa.

Tudo tem um tempo.

Tomar uma atitude cedo demais é tão ruim quanto tarde demais.

Em uma negociação, existe o tempo certo de fazer a proposta.

Um pedido de namoro ou casamento tem timing.

Chegar para conversar com a garota no balcão do bar, tem o melhor momento.

Pedir aumento de salário, mesma coisa.

Ativar aquele contato do seu *network* para pedir um emprego ou falar de negócios, idem.

É como uma dança. Precisa haver sincronia.

É importante ter atitude e dar o primeiro passo?

Sem dúvidas.

Precisamos de audácia e determinação para fazer acontecer?

Claro.

Podemos fazer o tempo certo acontecer? Acelerar o processo?

Sim, podemos, em termos. Já chego nesse assunto.

A questão é: se você agir antes do momento certo, ou depois do momento certo, pode desperdiçar uma oportunidade.

Vai colher a fruta verde demais ou já estragada.

Não consegui enxergar isso na época, mas tinha queimado a largada.

Cheguei lá, mas cedo demais.

Na época, fiquei frustrado com o que aconteceu.

E o que aconteceu?

O sucesso dos meus vídeos e do site me levou à falência, com 20 e poucos anos.

Quando isso aconteceu?

Quando recebi o boleto da provedora de internet com um valor 400 vezes maior do que tinha contratado. A conta veio com alguns zeros a mais.

Pensei: isso só pode estar errado.

Mas não estava.

Por que isso aconteceu?

Porque antecipei demais a tendência. O mundo ainda não estava maduro para o que fiz.

Parece bom antecipar uma tendência, e de fato é. Desde que você surfe a tendência no momento certo. Tem hora certa para entrar na onda.

Não adianta estar certo na hora errada. Você tem de estar certo na hora certa.

Da mesma forma, existe hora certa para estar errado.

Como isso aconteceu?

Com um conjunto de fatores que só percebi depois de algum tempo, com os olhos de hoje:

A internet era lenta demais para as pessoas assistirem vídeos.

A internet era cara demais para as pessoas assistirem vídeos.

Muito pouca gente tinha acesso.

Não existia YouTube.

Era caro hospedar um vídeo, fato que desconhecia.

E, mais importante: não existia jeito de ganhar dinheiro publicando conteúdo, como existe hoje.

Uma iniciativa que me daria um lucro exorbitante alguns anos depois me causou um prejuízo exorbitante naquele momento.

Pagava cerca de 30 reais mensais pela hospedagem.

30 reais não era muito. Comprava-se bastante coisa com 30 reais na época, dava para fazer mercado, mas era um valor justo.

Porém, nas letrinhas miúdas do contrato que não li, eram cobrados 3 centavos de real por *kbyte* consumido além do limite. Na época, existia um teto de *megabytes* nos planos de hospedagem. Hoje isso nem existe mais.

O *upload* dos vídeos consumia pouco, cerca de 3 *megabytes*, ou 3.000 *kbytes*. O tamanho dos vídeos estava dentro do limite. Até aí, tudo bem.

O "problema" é que cada visitante que assistia aos vídeos consumia a banda larga do plano. Ou seja, quanto mais meu conteúdo era consumido, mais cara a conta.

De três em três centavos, minha conta de internet chegou a 12 mil reais.

Doze mil reais é bastante dinheiro hoje, mas vinte anos atrás era o valor de um carro zero quilômetro.

Eu ganhava 640 reais por mês!

Fiquei desesperado.

Imagine um jovem de 20 anos, que nem tinha terminado a faculdade, com um boleto de 50 mil reais na mão, nos valores de hoje.

Meu salário de 640 reais era bom para um estudante no começo dos anos 2000. Mas longe de ser suficiente para quitar o boleto.

O que fiz com essa dívida?

Consegui resolver esse problema?

Mais para frente eu conto.

Agora, o importante é que você entenda que fiz o certo na hora errada.

É importante fazer acontecer e trabalhar para "fazer a hora". Mas é preciso também saber esperar e ter uma visão clara das condições.

Se vai voar de helicóptero, é melhor esperar a tempestade passar.

Tudo tem um tempo de maturação.

Se existe uma variável que você não controla na equação da vida, essa é o tempo.

O tempo é senhor.

Existe o momento certo para receber o "sim" das pessoas, por exemplo.

Ela está pronta para sua proposta? Está quente?

Está fria? Morna?

Observar o ambiente e exercitar empatia é fundamental para dominar o jogo do tempo nas relações.

Se a conexão está fria, tente outra abordagem para esquentá-la.

Se está morna, jogue mais de lenha na fogueira. Sem exagerar, aos poucos.

Em uma negociação, por exemplo, você pode conduzir as pessoas por quilômetros. Pode fazê-las percorrer uma maratona com você, desde que seja de pouco em pouco. Um quilômetro hoje, meia hora amanhã. O importante é cruzar a linha de chegada junto delas, e não antes.

Afinal, todos têm que ganhar, certo?

Você pode ditar o ritmo, acelerar ou desacelerar, desde que pessoa te acompanhe.

De acordo com sua avaliação, pressione ou distenda margens para que ela entenda sua visão e enxergue vantagens.

A maioria das pessoas não consegue absorver muita informação de uma vez. Ou entender longas linhas de raciocínio em uma tacada.

É como fazer exercício físico.

Ninguém entra em forma treinando 24 horas por dia durante dois dias. O tempo certo é uma ou duas horas diárias, ao longo de meses. O corpo tem um tempo, e é preciso respeitá-lo.

Em relações pessoais que não envolvam negociação o princípio também vale.

Cative aos poucos, se for o caso. Algumas pessoas demoram mais para criar vínculos que outras.

Você pode abrir um *loop* ou apresentar um *cliffhanger* para ditar o ritmo da interação, por exemplo. Como já expliquei antes, o *cliffhanger* é um recurso universal dos roteiros de cinema, séries e novelas que funciona, e muito, na vida real.

Cada episódio, de qualquer série ou novela, produzida em qualquer lugar ou época, termina com um *cliffhanger*.

Já expliquei esse conceito, mas recapitulo: é sedutor ativar a curiosidade.

O herói em perigo vai escapar da armadilha?

A heroína ferida vai se recuperar do ataque inimigo?

A resposta você descobre no próximo episódio.

Apresente um impasse e deixe a conclusão para depois. Não entregue o final da história. Mantenha as pessoas em estado de suspense e expectativa.

Tensione a expectativa em uma crescente e satisfaça a pessoa com um clímax no *timing* ideal.

Como dizem, não adianta dar murro em ponta de faca nem malhar em ferro frio.

Se o momento certo ainda não se apresentou, não adianta insistir.

Insistir e persistir não são sinônimos, como muitos pensam.

Insistência é usar a mesma estratégia, os mesmos recursos, os mesmos métodos e artifícios repetidamente. É errar o alvo e seguir fazendo as mesmas escolhas, tomando as mesmas atitudes, esperando resultados diferentes.

É muito diferente de persistência.

Persistência é insistência com inteligência.

Persistir é seguir buscando seus objetivos com determinação, mas com estratégia. É saber se adaptar ao ambiente e às situações, observando os resultados de suas ações e reconsiderando sua abordagem.

A existência de um objetivo une insistência e persistência. A diferença é como você vai alcançá-lo, se de forma insistente ou persistente.

É isso.

Quanto à minha dívida com o site de hospedagem, não tive alternativa senão "fazer a hora".

Liguei para a provedora de internet e contei minha história. Eles próprios ficaram surpresos, nunca tinham emitido um boleto de 12 mil reais.

Tive que negociar com o diretor financeiro do provedor:

"Meus vídeos estão sendo vistos dez mil vezes por dia! Não tem como ganhar um dinheiro com isso aí? Sei lá, colocar aí um *banner*, um anúncio?".

"Olha, Elcio, não é assim que funciona."

"E como podemos resolver? Essa grana é quase dois anos de salário pra mim."

"Tudo bem... quanto você pode pagar?".

Falei a verdade. Minhas condições não eram suficientes para mais que 10% daquele valor.

Respondi que poderia pagar 1.200 reais.

Em dez parcelas.

Ele aceitou.

A empresa deixou de ganhar 90%, mas 10% é melhor que zero. O diretor sabia que um estudante de 20 anos realmente não tinha aquele dinheiro. Também não valeria a pena me processar.

Senti que, principalmente, ele foi empático.

Percebeu que eu dizia a verdade, que não agi de má-fé. Entendeu que aquele prejuízo foi um balde de água fria. Foi solidário com minha frustração.

Eu estava frustrado de verdade.

Um dia antes de receber o boleto, estava vibrando pela marca das dez mil visualizações diárias, comemorando com meus amigos.

No fundo, ele estava tão espantado quanto eu.

Seja qual for o sentimento que despertei, consegui pagar a dívida. E percebi que publicar vídeos na internet podia não dar dinheiro, mas dava audiência.

Aprendi a lição e, anos depois, desta vez no tempo certo, criei meu canal no YouTube.

Nessa brincadeira, já são incontáveis milhões de visualizações.

Nesse caso, o tempo certo demorou para chegar. Mas pode ter certeza de que uma hora ele chega. Chega para mim e chega para você, mas não se esqueça: você deve saber quando ele aparece de verdade ou não.

Quando aparece, é hora de agir com audácia e determinação.

Como disse, o tempo é o senhor. Ele deve ser seu aliado, não inimigo.

Respeite o tempo.

LEI 22
ANTECIPE-SE

Nos anos 1980 os filmes sobre Kung Fu e artes marciais ainda eram febre.

Toda hora aparecia um novo.

Era a época do Karatê Kid e do aparecimento de uma nova estrela, Jean-Claude Van Damme. Na realidade, essa moda tinha começado antes, nos anos 60 e 70, com Bruce Lee e Chuck Norris como ídolos.

Um filme que fez muito sucesso na época, um dos primeiros de Van Damme, foi o *Retroceder Nunca, Render-se Jamais*, de 1985.

Apesar do sucesso entre a molecada, o filme era ruim.

Mesmo sendo ruim, você deve concordar que, dando um desconto, o nome é bom.

O título pode soar exagerado hoje, mas os 1980 foi uma década de exageros. Foi a década do Xou da Xuxa e do Sérgio Mallandro.

Nunca se render e jamais recuar parece heroico. Soa destemido e audacioso.

Mas só funciona nos filmes de artes marciais dos anos 80.

Na vida real, nunca se entregar é tolice.

Imagine a situação hipotética:

Sabe-se lá como, em um piscar de olhos, você é teletransportado para os anos 1980, em um ringue de boxe no Caesars Palace, em Las Vegas.

Você surge do nada, atordoado, e percebe que veste luvas e calções de boxe. Ouve uma multidão em êxtase. Há luzes e câmeras por todos os lados.

Dentro do ringue, além de você, há outro jovem, este mais robusto, também vestindo luvas. Ele te encara com uma expressão pouco amistosa.

Você foi parar em um ringue contra o Mike Tyson.

O que você faria?

No mínimo, cogitaria reconsiderar seu princípio de nunca se render, certo?

Qual o sentido de lutar sabendo que vai perder?

Ou, neste caso, de apanhar correndo o risco de morrer?

A melhor decisão nessa hipótese seria entregar a luta antes de acontecer, porque o resultado dela é inevitável.

Seria dar um passo para trás e entregar antes. Isso evitaria uma derrota e uma surra. E, nesse caso, você continuaria com vida.

Antecipar-se e entregar antes é uma atitude fundamental em situações conflituosas, num contexto em que você tem de lidar com impasses.

Inteligência social é sobre conquistar amizades, conectar-se com as pessoas e persuadir.

Mas nem sempre isso depende apenas de você. Na vida real, o conflito é o padrão, não a exceção nos relacionamentos. Cada um tem uma cabeça, cada um veio de um contexto, cada um tem sua visão de mundo, personalidade e caráter.

Muitas vezes, por mais que você trate as pessoas com respeito e inteligência social, buscando harmonia e conexão, os outros não querem o mesmo. Não querem o entendimento. Estão fechadas.

Em situações de desavenças e divergências mais sérias, você tem de refletir sobre como agir. E precisa considerar a possibilidade de fazer o primeiro movimento, de se antecipar e entregar antes de ser tomado, se for preciso.

O que seria exatamente entregar antes de ser tomado?

Se a derrota é iminente, entregue antes de ser derrotado. Tome o primeiro passo.

Se você sabe que vai ser demitido, peça para se desligar da empresa antes e deixe as portas abertas.

Se sabe que vai tomar uma bota no relacionamento, termine antes. E deixe aberta a possibilidade de uma possível volta no futuro, ou no mínimo de uma relação positiva com a ex.

Não permita que tomem algo de você. Entregue antes.

Você vai minimizar, e até anular, qualquer arranhão à sua imagem. Seu capital social não vai desvalorizar. Ao contrário, seu status aos olhos dos outros pode até aumentar.

Isso vai ser visto como sinal de inteligência, coragem ou audácia: *você* tomou a decisão, e não decidiram no seu lugar.

No caso de pedir demissão, é importante que deixe portas abertas naquela empresa e no seu mercado de atuação. Explique a situação com franqueza e profissionalismo. Não saia batendo a porta atrás de você.

Não apenas seus colegas, como possivelmente seus empregadores, vão te respeitar mais se você escolher sair do que fariam se fosse demitido.

Na visão do mercado profissional, ser demitido é péssimo. Enquanto pedir para sair chega até a ser bem visto.

Você se antecipou. Entregou antes de ser tomado.

Isso não é visto como derrota desde que saia do jeito certo.

E, por jeito certo, quero dizer: sem brigas, ressentimentos ou acusações. Não é para sair atirando. Aja de forma respeitosa, com franqueza e profissionalismo, e saia com o orgulho próprio preservado.

Nesse caso, para você sair fortalecido, o importante é a narrativa.

É como você enquadra o episódio e quanto o grupo social adota sua versão dos fatos.

Para que levar uma rixa profissional às últimas consequências, deixando um rastro de destruição, e sair derrotado?

Qual a vantagem ou mérito disso?

Entenda que sua reputação é seu maior patrimônio. É preciso estar um passo à frente se quiser mantê-la valiosa.

Nossas atitudes estão constantemente sendo julgadas pelos grupos sociais a que pertencemos.

E, para o grupo, imagem conta.

No império romano, o ditado era comum:

"À mulher de César, não basta *ser* honesta, deve *parecer* honesta".

Ser demitido coloca sua imagem social em jogo, seu capital social em risco, o respeito que os outros têm por você em xeque.

A grande verdade é que a forma como o grupo te enxerga depende, em muito, de seus movimentos em situações de disputa.

E, nesses contextos, seu objetivo deve ser, pelo menos, o de minimizar o desgaste da sua imagem. De preferência, anulá-lo e virar o jogo a seu favor.

Entregar antes de ser tomado evita um confronto desnecessário ou uma derrota certa.

Confrontos custam caro. Consomem tempo, atenção, recursos financeiros e mentais. Podem ferir e enfraquecer na vitória ou na derrota.

Se alguém estiver prestes a tomar algo de você, portanto, antecipe-se e entregue antes.

Tome a iniciativa e faça sua jogada primeiro.

Uma possível derrota pode se tornar uma sonora vitória se você usar esse artifício.

Dependendo do contexto, ceder no momento certo, quando a derrota é provável, soa como demonstração de generosidade, integridade e inteligência.

Outra forma de se antecipar em contextos de disputa é antever conflitos e tomar a dianteira na hora de agir.

Não espere o outro lado tomar uma atitude que te coloque em uma posição desfavorável.

Faça o primeiro movimento.

Como assim, Elcio?

No futebol, quem dá o pontapé inicial praticamente não tem vantagem nenhuma na partida, certo? A não ser que a equipe aproveite a posse de bola e faça um gol relâmpago, desses que acontecem uma vez na vida.

Mas, em outras modalidades, fazer o primeiro movimento é fundamental, e pode ser a diferença entre vitória e derrota.

Toda partida de xadrez começa com um sorteio de quem movimenta primeiro as peças, de quem joga com as brancas.

Por quê?

Porque, nessas condições, não restam muitas opções ao outro jogador além de simplesmente reagir à movimentação de quem começa.

Se você souber aproveitar, vai poder impor seu jogo. E caberá ao outro lado quebrar a cabeça para pensar como reagir para igualar ou superar sua vantagem inicial.

Claro que xadrez é um jogo, mas o mesmo acontece na vida.

Você precisa entender essa realidade.

Quanto mais sua ação surpreender, mais difícil será a reação.

Então, antecipe-se com ousadia. Faça o primeiro movimento. Crie um impasse, coloque o outro lado em xeque.

Em uma situação de desavença ou de rixa contra você, experimente surpreender o outro lado com algo positivo, ou até dar um presente.

Vamos falar a real.

Por mais que sejamos pessoas legais, sinceras e corretas, tem gente que não vai com a nossa cara e ponto final.

As leis deste livro são para as pessoas gostarem de você. Mas sempre pode haver alguém que queira te prejudicar.

Às vezes por inveja, por serem inseguros, por terem prazer de brigar ou porque não têm caráter.

Às vezes essas pessoas precisam de atenção e carinho, são amargas porque estão de mal com a vida.

Um presente ou um gesto positivo pode ser efetivo para desarmar pessoas que buscam o confronto e agem com agressividade por serem inseguras.

Pode despertar bons sentimentos de reciprocidade e fazer com que reconsiderem a visão delas sobre você.

Um presente pode até mesmo ser a fagulha para o início de uma amizade.

Em desenhos infantis, por exemplo. Quantas vezes o vilão sórdido só precisava de um pouco de carinho? *A Bela e a Fera* é um conto de fadas francês do século 18, que mostra um vilão ressentido, com o coração de pedra, que se redime quando experimenta o amor.

Isso acontece muito na vida real. Quantas pessoas são amargas porque tiveram experiências ruins em seus relacionamentos? Ou porque guardam traumas?

A maioria tem lá no fundo o desejo de amar e ser amado, mas bloqueia seus bons sentimentos, muitas vezes, como forma de autoproteção.

Agora, quando o sujeito é realmente mau caráter, a coisa é diferente.

Neste caso, antecipar-se para dar um presente, ou fazer um gesto nobre, tem outro propósito. Um gesto positivo e público de generosidade, qualquer que seja, e com quem quer que seja, aumenta seu capital social.

Isso é importante: em contextos como esse, é importante que seu gesto seja público. Visto e sabido pelo grupo social.

Sua atitude positiva tem que demonstrar *sua* virtude aos olhos *do grupo*.

Você cria um impasse que tem como pano de fundo constrangimento e julgamento sociais. Em outras palavras, você sabe que ele quer te foder de graça, mas, se decidir fazer isso, não vai ser mais de graça. Vai ter um preço.

A questão é: ele vai pagar ou não o custo de te foder?

Você faz o primeiro movimento, e cabe a ele reagir.

Pega mal ferrar alguém que acabou de ajudá-lo, ou que fez algo nobre. Seria um ataque mal recebido pelo *grupo*, certo?

Sua ação pode adiar ou evitar um ataque.

Se for adiada, você tem mais tempo para se recompor e aumentar suas defesas, ou buscar formas de contornar a situação.

Vou ilustrar essa tática de antecipação com uma história verídica.

Como você sabe, conto o milagre mas não revelo o santo:

Certa celebridade estava com seu cargo em uma instituição filantrópica ameaçado. Essa pessoa era uma espécie de representante da organização, e essa posição lhe conferia status e patrocínios.

Sua substituição por outra celebridade era discutida internamente, e estava prestes a acontecer.

O que ele fez?

Uma peregrinação solitária, de muitos quilômetros, em favor da paz. Uma demonstração pública de engajamento e generosidade.

Obviamente, a manifestação não foi tão solitária.

Havia fotógrafos, repórteres e outros peregrinos que, inspirados, aderiram à marcha.

Recordando: a entidade que ia demitir essa celebridade era filantrópica. Ou seja, pregava paz e caridade.

Resultado:

A pessoa em questão não foi substituída e manteve o cargo.

Por mais que quisessem substituí-la, não poderiam.

Como a opinião pública reagiria com a demissão de uma personalidade tão solidária e envolvida com a causa?

O que ele fez foi se antecipar e surpreender com uma jogada audaciosa.

Fez um movimento que ninguém esperava, aumentou seu capital social aos olhos do público, e jogou a decisão de demiti-lo no colo do conselho, que não quis pagar a aposta.

Resumindo:

Boas ações despertam uma emoção quase infantil nas pessoas, especialmente se forem bem pensadas.

Oferecer presentes, ainda que simbólicos, também tem esse poder.

É como ativar o espírito de Natal na criança que existe em cada um.

São símbolos de trégua, ofertas de amizade. Demonstram respeito e consideração.

Despertam reciprocidade e bons sentimentos.

Podem desarmar um barril de pólvora e mudar a visão do outro sobre você.

Quando lidamos com pessoas sem escrúpulos, gestos positivos e presentes entregues de forma pública forçam-nas a reagir. Obrigam que reconsiderem suas intenções negativas pelo desgaste social que a atitude delas teria socialmente.

Atacar alguém que acabou de te presentear soa cruel aos olhos do grupo. Gostando ou não, todos estamos sujeitos às percepções do círculo social.

E em quase nenhum círculo social ser visto como cruel é positivo.

Portanto, em contextos de divergência ou conflito, fazer o primeiro movimento ou "entregar antes de ser tomado" preserva sua imagem e capital social. E te coloca em vantagem no jogo.

Não seja quem perdeu, seja quem doou.

LEI 23
DESFRUTE O QUE É DIFERENTE

Viver é conviver.

Se você me conhece pessoalmente, se já assistiu meus vídeos ou fez meus cursos, já me ouviu falando isso.

Parece, e de fato é, um bom trocadilho. Porém é mais que isso, não simplesmente uma lei ou frase de impacto que inventei do nada.

Não precisei inventar porque é a verdade.

Pense aqui comigo.

Você mora em uma caverna no meio do deserto, sozinho e isolado, caçando a própria comida e bebendo água de um oásis?

Claro que não.

Você vive cercado de pessoas, e precisa delas para viver.

Se você está lendo esse livro impresso, é porque uma editora imprimiu cópias dele. Outra pessoa o transportou da gráfica à livraria. Outra abasteceu o caminhão com diesel, que foi transportado por outro caminhão, e outras colocaram os postes de energia que abasteceram a impressora, que foi fabricada por...

Bom, você entendeu.

O que quero dizer com isso?

Que suas histórias de vida não são só suas, são de outras pessoas também. De quem participou e de quem testemunhou com você aquela vivência. Todas as suas experiências envolvem, direta ou indiretamente, pessoas além de você mesmo.

Significa também que é impossível dissociar convivência de vivência. Porque conviver e viver são, na prática, a mesma coisa.

Como experimentar a riqueza de viver, o prazer de conviver com as diferenças?

Como já disse aqui: pessoas são atalhos, elas abrem portas.

Cada nova interação é uma oportunidade. E só é possível usufruir delas se estivermos abertos. Se nos dispusermos não apenas a aceitar, mas abraçar as diferenças.

Uma vida plena é cheia de experiências. Tudo o que aprendemos enriquece.

Sejam viagens ou conquistas, emoções que sentimos ou vitórias pessoais, nossas histórias não fariam sentido sem os outros. Não apenas não fazem sentido como só existem porque os outros existem.

Se você estivesse sozinho no mundo, que graça teria escalar o Everest? Para quem você contaria a aventura? Aliás, sozinho, você provavelmente não sobreviveria para contar essa história.

A felicidade só é real quando compartilhada.

Essa frase que corre o mundo está na biografia de um jovem americano que, nos anos 1990, decidiu largar tudo para viver sozinho, sem contato humano, no Alasca.

A experiência de Christopher McCandless, que mudou de nome para Alexander Supertramp, foi retratada no livro *Na Natureza Selvagem*, do jornalista Jon Krakauer. A biografia foi baseada nos diários dele. A obra deu origem ao filme de mesmo título, dirigido por Sean Penn.

Supertramp tinha acabado de se formar com honras na universidade, tinha um futuro promissor e uma vida confortável. Partiu em uma jornada pelo norte dos Estados Unidos em busca de autoconhecimento e viver integrado à natureza.

Se você não viu o filme, não quero dar *spoilers*, e recomendo que veja. Mas o importante aqui é a conclusão que ele chega após viver sem contato humano:

A felicidade só é real quando compartilhada.

Não existe felicidade possível sozinho. Nossos sentimentos e emoções precisam ser divididos para fazerem sentido.

Quanto mais interagimos, mais possibilidades temos de aprender e enxergar além. E quanto mais abraçamos o que é diferente, mais completos nos tornamos.

Ninguém, por mais que viva 100 anos, ou até 200 se fosse possível, vai ter todas as experiências do mundo em uma única vida. Todo nosso conhecimento e aprendizado não é apenas fruto de nossas próprias experiências.

Aprendemos não apenas com nossos erros e acertos, mas, também, com erros e acertos dos outros.

Por isso, conviver e aprender com a convivência é fundamental para nosso crescimento. Os outros não são apenas atalhos por serem portas de conexões e possibilidades, as experiências dos outros ampliam nossos horizontes, e podem encurtar caminhos para que não cometamos os mesmos erros.

O conhecimento que você aprende na escola e nos livros um dia vai ser obsoleto, mas a sabedoria que você adquire através da experiência, própria ou dos outros, nunca vai te deixar. Vai passá-la para seus filhos, de geração em geração.

Não existe sabedoria sem convivência com o diferente.

Ninguém pode se desenvolver plenamente dentro de uma bolha. Uma árvore que cresce, rompe o asfalto com suas raízes. E você precisa estourar sua bolha se quiser desfrutar uma vida socialmente inteligente.

Grandes sábios da humanidade, cujas palavras e ações mudaram o mundo, conviveram com o diferente. Jesus conversava com todos, com ricos e humildes, de cobradores de impostos a pescadores.

O príncipe Sidarta Gautama, o Buda, abdicou de sua herança real e saiu pelo mundo em busca de experiências. De conviver com pessoas que nunca teria conhecido em seu palácio.

Não existe felicidade ou vida sem convivência.

Também não existe ação sem interação.

Nossas ações dependem dos outros ou influenciam outros.

Ou as duas coisas.

Conviver e interagir com quem pensa diferente é uma capacidade que desaprendemos como sociedade.

Por incrível que pareça, mesmo com a internet, que nos possibilita explorar realidades diferentes e distantes da nossa, nosso acesso às diferenças é limitado.

Não precisamos ir longe para perceber. Basta abrir as redes sociais.

Vou contar uma história que talvez você conheça.

Uma tribo vivia fechada em uma caverna. Todos cresceram lá, e nunca saíram.

A única coisa que conseguiam enxergar do mundo exterior eram sombras de árvores, animais e pessoas projetadas pela luz do sol, que entrava pela fresta nas rochas.

A realidade para eles era aquilo. Não havia sequer a ideia de um "mundo exterior". O som da chuva, das árvores e das pessoas, para eles, era produzido pelas sombras.

Certo dia, sem querer, um dos integrantes da tribo, que caminhava pelos labirintos escuros das rochas, saiu da caverna e viu o que conhecemos como mundo.

Viu árvores, cores, o céu, o sol e os animais.

Imagine a surpresa.

Voltou à caverna e falou sobre a nova realidade que tinha visto. Tentou explicar, mas não tinha palavras porque, no mundo deles, não existia sequer o conceito de cor. Eles precisavam ver com os próprios olhos.

Mas ninguém quis.

Ninguém acreditou no que dizia, acharam que ele tinha enlouquecido.

Esta é a versão de uma história criada há mais de dois mil anos pelo filósofo grego Platão, conhecida como Alegoria da Caverna.

Por que estou contando isso?

Porque o Mito da Caverna é mais atual do que nunca.

Basta trocar "caverna" por "bolha".

Se você tem um *smartphone* ou conta em qualquer rede social, sabe bem sobre o que vou falar:

Você pesquisa por "Férias no Nordeste" no Google. O que acontece?

Começa a ver *banners* de propaganda e páginas sugeridas, de... férias no Nordeste.

Você lê notícias ou assiste a vídeos com uma determinada opinião sobre um assunto, e o que acontece?

Começa a receber mais notícias e sugestões de vídeos sobre o mesmo assunto, com aquela mesma opinião. Você lê os comentários e todos têm aquela mesma opinião.

A realidade da bolha é ditada por algoritmos, que nos fazem acreditar que a realidade são as sombras.

As sombras, neste caso, são o que consumimos, lemos, vemos e assistimos nas redes sociais. Nada mais que imagens e mensagens projetadas na tela de um celular.

Quanto mais consumimos uma coisa, mais somos induzidos a continuar consumindo essa mesma coisa. A ter as mesmas ideias, a reforçar as mesmas certezas.

O contato com "o mesmo de sempre" limita nossas possibilidades na vida.

É como viver na caverna e achar que a realidade nela é a única possível.

É se contentar com sombras.

É bloquear o potencial da sua existência.

É viver sem experimentar o prazer de viver e conviver de verdade.

Até o ponto de supormos que todos pensam como a gente. E que aqueles que não vêem o mundo como vemos só podem estar loucos.

Esquecemo-nos que os outros são extensões de nós mesmos, e os vemos como *aliens*.

Em português existe apenas uma palavra para expressar "outro".

Mas na origem grega há duas, com sentidos bem diferentes: *alien* e *alter*.

Ambas significam "outro".

Alter é a origem de palavras como "alternativa" ou "alternar". Por isso é redundante dizer "outra alternativa".

Alter, no original, significa "o que não é a gente". O outro, nesse sentido, é simplesmente aquele que não é você.

É no sentido bíblico, por exemplo, o "próximo". De "ame o próximo como a ti mesmo".

Alter indica que você enxerga o outro como igual.

Alien tem outro sentido.

Como já deve ter percebido, é o termo para designar "alienígenas" ou "alienados".

Alien é o outro, mas não igual.

Não é visto nem tratado como igual.

Por isso emprestamos essa palavra para designar alienígenas. Literalmente, são outros, mas não iguais.

Na prática, chamamos de "alienados" quem não faz parte da nossa bolha. Portanto, nessa lógica, não devem ser tratados como iguais.

Uma pessoa socialmente inteligente entende o outro como *alter*. Nunca como *alien*.

Você só pode incorporar uma mentalidade socialmente inteligente quando, de fato, descobre o prazer de conviver com todos os tipos de pensamentos e pontos de vista. Isso te abre para o imponderável e te enriquece como pessoa de forma inestimável.

A aventura humana é cheia de altos e baixos. Viver é embarcar em uma montanha-russa de perdas e glórias, fracassos e redenções.

A forma mais prazerosa de aproveitar essa viagem é compartilhando nossa humanidade.

O que há de inteligente em contrariar a todos? Em não tentar entender por que pensam e tem pontos de vista diferentes dos seus?

Quanto mais compreender e incorporar que opiniões são apenas frutos de pontos de vista e influência social, de acesso à informação X ou Y, mais vai buscar o prazer em conviver com o que é diferente de você.

Lembre-se de que na vida tudo passa, os bons e maus momentos.

A atitude sábia é tirar proveito de cada um deles e, especialmente, aceitá-los. Viver é mais sobre surfar a onda do que enfrentá-la.

É mais sobre entrar em harmonia do que lutar ou resistir.

LEI 24
RENDA-SE AO GRUPO

Nasci e cresci em São Paulo.

Se você é brasileiro, provavelmente sabe que existe certa rivalidade entre paulistas e fluminenses. Especialmente entre paulistanos e cariocas.

A imagem dos cariocas sobre os paulistas é a de que seriam sérios demais, sem jogo de cintura, sem malandragem. Em outras palavras: coxinhas e otários.

Do outro lado, para os paulistas, cariocas seriam despreocupados demais, metidos a malandros e folgados. Ou seja, preguiçosos e vagabundos.

Quando viajo ao Rio de Janeiro, faço amizades brincando com essa rivalidade.

Digo algo como "tô visitando o Rio de Janeiro porque cansei da visão do Rio Tietê".

Geralmente, ouço como resposta algo como: "Você é paulista, mas é gente boa!".

Contam que Voltaire, o filósofo francês, viajou a Londres em uma época na qual a inimizade entre França e Inglaterra andava acirrada. Ao notar um francês perdido no meio da rua, um grupo de londrinos partiu para cima dele. O filósofo estava prestes a tomar a maior surra da vida.

VOLTAIRE ARGUMENTOU:

"Vocês querem me castigar mais do que já fui castigado por ter nascido francês?".

O filósofo não levou a surra, e, dizem, ainda bebeu cerveja com os ingleses.

Não estou me comparando com Voltaire, mas o que eu e ele fizemos em comum?

Nos adaptamos ao grupo, como camaleões sociais.

A não ser pelos insetos, o camaleão não é um bicho temido.

Não tem dentes afiados, não tem garras assustadoras nem é ágil para fugir de predadores.

A verdade é que o camaleão se dá bem na natureza sem precisar de nada disso. Não precisa de agilidade para fugir porque não precisa fugir.

Não precisa fugir porque se adapta.

O sucesso do camaleão está na capacidade de mudar de cor conforme o ambiente e se misturar, camuflando-se de predadores.

Uma pessoa socialmente inteligente é um camaleão social.

Navega em qualquer ambiente, mesmo fora de seu habitat, porque se adapta.

Seu sucesso depende do quanto você se integra ao grupo, seja qual for o contexto ou ambiente.

Veja bem, esta lei da inteligência social não é sobre fingir ser alguém que não é.

Um camaleão não se transforma em outro bicho, ele continua sendo o mesmo lagarto bonitinho de sempre.

É um animal que se integra às cores da natureza porque não é apenas verde. Ele tem várias cores, e usa a mais atraente em cada situação.

Cada um de nós também tem várias cores, não somos apenas branco ou preto, vermelho ou verde. Nossas personalidades são a mistura de várias delas. Mesmo que haja traços predominantes, existe uma rica paleta de características dentro de cada um.

Autenticidade é um fator-chave na inteligência social. Se você for sempre autêntico e honesto com quem é, vai sempre transmitir confiança e, assim, receber a confiança dos outros em troca.

Autenticidade é a base do carisma.

Portanto, render-se ao grupo não significa tentar se passar por quem não é. Adaptar-se não envolve forçar uma imagem ou mentir.

Não adianta dizer que é corintiano para fazer amizade com um corintiano. Como já disse em outra lei: fale sempre a verdade, e as pessoas vão acreditar em você.

O que então significa adaptar-se e render-se ao grupo?

Já te falei sobre o poder da similaridade nas relações, certo?

Vou refrescar sua memória.

Todos temos, naturalmente, a tendência de nos dar melhor com quem é parecido com a gente. Afinidades nos conectam de forma absolutamente instintiva.

Isso é um fato.

Olhe os seus grupos de WhatsApp.

Você possivelmente tem um grupo da família, de amigos do mesmo time, de amigas que fizeram aula de música com você, de conhecidos com a mesma orientação política e até de desconhecidos que curtem o mesmo game.

Ou de amigos da época do colégio ou da faculdade, com quem você tem histórias e vivências em comum.

Muitos grupos são definidos, simplesmente, por afinidades.

Isso é simples de entender.

A grande questão aqui é: como se enturmar em um grupo social que não é o seu?

Quando você é o estranho no ninho?

Como conquistar as pessoas em um ambiente totalmente diferente do seu?

Por exemplo: você é uma pessoa religiosa e está num grupo de ateus. Ou é física nuclear e está numa festa com artistas.

Ou é corintiano e está numa festa de palmeirenses.

A resposta aqui não é tão simples, porque, em um primeiro momento, não há afinidades facilmente identificáveis.

Como fazer isso?

Em primeiro lugar, você precisa reconhecer que fatalmente será visto como um estranho no ninho.

Isso também é natural.

As pessoas vão te olhar com preconceito, com um pré-julgamento do que pensam sobre você.

Isso também é natural, e todos fazemos isso mesmo sem perceber.

Veja bem, não estou falando de agir de forma discriminatória.

Estou dizendo que, queiramos ou não, criamos conceitos sobre as pessoas baseados em nossa vivência, contexto social, personalidade e experiências.

São ideias pré-estabelecidas que temos dos outros sem conhecê-los.

E isso não é só com pessoas, não!

Nunca teve uma comida que você não ia muito com a cara mas virou fã depois que experimentou?

Ou de uma atividade que você achava boba e descobriu que é legal?

Isso também é preconceito.

Portanto, preconceito não é necessariamente bom ou ruim, é natural que façamos suposições sobre aquilo que não conhecemos.

Como também já disse aqui, julgamos cada pessoa que conhecemos em décimos de segundo, instintivamente. Ela parece confiável? Sofisticada? Afável? Bonita? Inteligente?

Ou muito pelo contrário?

Portanto, fazer esse "julgamento" inicial é um instinto natural e ancestral. Estamos no modo turbo da via rápida, não da racional.

Esse pré-julgamento, então, é natural. A tolice é agir e reagir baseado nas ideias pré-estabelecidas que você tem sobre as pessoas. Também é tolice esperar que os outros sejam, ajam ou pensem segundo o que sua própria cabeça criou a respeito deles. É imaginar que sua percepção inicial é a verdade incontestável sobre aquelas pessoas.

Você acaba de conhecer um sujeito que trabalha na Nasa, construindo foguetes. Ele usa óculos, está com uma camiseta da Marvel para dentro da calça, usa tênis e tem um relógio de calculadora.

É natural concluir que o sujeito deve ser inteligente e bom de matemática. Mesmo sabendo só isso sobre ele, você pensa: "Pô, esse cara é nerd!".

Isso é um preconceito, uma ideia pré-estabelecida.

Neste caso, porém, você estava certo. O cara é um crânio e é nerd. Aquele conceito que você tinha sobre a pessoa acabou sendo confirmado por ela mesma.

Agora, imagine que um camarada bonitão, corpo em forma, óculos escuros, tatuagens, todo aquele estilo Gianluca Vacchi.

Você pensa: pô, esse cara aí é artista ou trabalha com moda. Deve ser DJ ou *designer*...

Vocês são apresentados e descobre, para sua surpresa, que o sujeito também trabalha na Nasa construindo foguetes, e é chefe do nerd com camiseta da Marvel.

Entende onde quero chegar?

Nossa cabeça, queiramos ou não, está tirando conclusões sobre as pessoas o tempo todo.

Dito isso, vamos voltar à pergunta: como se comportar onde você é o estranho no ninho?

Como conquistar as pessoas quando você é um peixe fora d´água?

Usando todas as suas cores para ativar uma capacidade de adaptação camaleônica sem deixar de ser você mesmo.

Como assim?

Já disse nesta lei que somos muitas coisas, temos centenas de interesses, gostos e pensamentos. Cada cabeça humana é um universo.

Ninguém é apenas verde ou amarelo.

Por mais que você não identifique similaridades óbvias, sempre vai haver algum ponto em comum entre você e as pessoas daquele grupo.

Nessas situações, você vai se conectar identificando essas afinidades. Elas estão lá, em algum lugar, esperando para se apresentarem. Cabe a você saber ouvir e saber aproveitar a experiência de conhecer pessoas diferentes.

Você vai ser um estranho no ninho?

Sim.

Mas um estranho no ninho querido e aceito. Talvez até mais do que se pertencesse originalmente àquela "tribo".

Você vai ouvir o que as pessoas dizem e vai encontrar assuntos nos quais acredita e visões verdadeiramente em comum.

Mesmo que pessoalmente não concorde com o que pensam ou dizem, sempre há pontos em comum com os quais você pode se conectar.

Usando o exemplo do futebol, que você já deve ter sacado que gosto de usar.

Você é são paulino e está em grupo de corintianos.

Você pode sacanear um rival em comum:

"Como pode o Palmeiras falar que aquele torneio na década de 50 foi um mundial?".

Mas você também pode dizer coisas positivas em que realmente acredite sobre o Corinthians. Não vai fingir que é corintiano!

Como:

"Pô, a torcida do Corinthians incentiva até perdendo. Isso não tem igual!".

Ou

"Aquele time de 1998 jogava muito. Ver o Gamarra jogar era um espetáculo. Como jogava aquele paraguaio!".

Pronto!

Não arranca pedaço elogiar o time dos caras no que você realmente considere elogiável.

Você vai ser o são paulino gente fina do rolê.

Fazer comentários positivos com os quais concorde é uma forma de se integrar. Da mesma forma, pode fazer comentários negativos, em que você acredite, do seu próprio time.

Como são paulino, pode dizer: "Pô, esse técnico aí tá acabando com o meu tricolor". Ou "gostaria que o São Paulo tivesse um volante como o fulano do Corinthians."

Os corintianos vão pensar: "Esse cara é são paulino, mas é gente boa!".

MAIS UM EXEMPLO:

Você é ateia e está no almoço da sogra, cuja família inteira é cristã.

O que dizer em comum, que seja verdadeiro para você?

Pode ser algo do tipo: "A mensagem de amor e tolerância de Jesus é fundamental para os dias de hoje."

Ou algum outro fato que seja verdadeiro: "Meu irmão também é cristão, uma pessoa incrível! Melhor irmão do mundo."

Pronto.

Não precisa de muito.

Por mais que pense diferente do grupo, ou que tenha vivido experiências que nunca viveram, e vice-versa, sempre há algo positivo em comum.

Use suas cores. Há todas elas dentro de você.

Não queira ser o do contra.

As pessoas vão supor que você quer aparecer e se julga superior. E vão achar uma forma de te excluir porque fez com que se sentissem inferiores.

Como expliquei, é mais inteligente unir-se e encontrar pontos em comum.

Já dizia o ditado: "Em Roma, aja como os romanos".

Nada na vida é permanente, inclusive a própria vida.

Seja maleável. Um vaso de porcelana quebra mais facilmente que um de plástico.

Como dizia Bruce Lee, "seja água".

A água não tem forma definida, está constantemente se adaptando e se movimenta de acordo com o terreno. Ela toma a forma do copo, do vaso, do galão, do rio, do mar. E continua sendo água.

Não ter apenas uma forma, mas várias, é inteligente. Não se trata de incorporar a mentalidade "Maria vai com as outras", mas de ter a vantagem de se manter em movimento constante.

Avalie cada situação, mapeie o ambiente, seja flexível e adapte-se com fluidez.

Como já diziam os antigos:

"Camarão que fica parado a onda leva."

O surfista camaleão, não.

LEI 25
SEJA O QUE QUISER

No começo dos anos 2000 não havia GPS nem aplicativos de navegação.

Na verdade não existia aplicativo porque os *smartphones* não tinham sido inventados.

A gente sabia, por experiência ou intuição, quanto tempo gastaria para ir do ponto A ao ponto B, e "calculava" uma rota.

Estava na estrada, dirigindo rumo à entrevista de emprego que poderia ser meu recomeço, e meus cálculos furaram.

Já contei como me fodi de verde e amarelo, mas, resumindo:

Com 20 e poucos anos criei um site de vídeos que explodiu de audiência. Estava no céu.

Da noite para o dia, descobri que devia o valor de um carro zero quilômetro. Estava endividado e o emprego que tinha, eu não tinha mais.

VOLTANDO:

Essa oportunidade de estágio seria minha chance de voltar ao mercado de trabalho, ainda por cima em uma emissora que eu gostava demais.

Mas não contava que perderia a saída da Anhanguera que dá o acesso ao SBT e teria que dar uma volta quilométrica para chegar lá. A cada quilômetro desperdiçado minha redenção ficava mais distante e meu volante, mais suado.

Não tinha como mandar uma mensagem com um emoji tristonho avisando: "Desculpe, vou atrasar".

Os teclados dos celulares eram numéricos, não tinha letra, as letras eram os números.

Na época, para escrever um simples SMS com "oi, tudo bem", teria que apertar três vezes a tecla 7, duas vezes a 2, uma vez a 1, mais duas vezes a 3, três vezes o número 5 e assim por diante.

Impossível fazer isso dirigindo.

Sem falar que eu não tinha o celular da pessoa que me entrevistaria. Não tinha como amenizar aquela situação.

Finalmente, com uma hora de atraso, estava no SBT.

Se você já foi ao SBT, sabe que não é só chegar e entrar. É gigantesco.

Estaciona o carro lá embaixo, vai até a recepção, explica onde vai, apresenta documento, confere se seu nome está na lista, faz o cadastro... Só então é liberado para pegar a "vanzinha" que te leva para a parte de cima.

Tudo isso para cair num labirinto de corredores.

Gastei mais meia hora nesse processo e, com uma hora e meia de atraso, cheguei à sala de entrevista.

Espiei pela janela e vi cerca de 20 jovens, em círculo, conversando.

Não era uma entrevista, era uma dinâmica de grupo.

Pensei:

"Tô fodido. Todo mundo vai olhar para mim e pensar: 'O que esse candidato a estagiário está fazendo aqui, com uma hora e meia de atraso?'."

O que fiz? Entrei discretamente pedindo desculpas buscando cabisbaixo uma cadeira vaga?

Não. Essa não era uma boa ideia.

Parei por alguns segundos, controlei a respiração e pensei: "Não tem jeito, assim que entrar, todo mundo vai olhar pra mim, provavelmente com uma má impressão."

Provavelmente vai ser isso.

Mas não se eu usar *isso* a meu favor.

Foi aí que eu virei a chave.

No pôquer, chamam o que fiz de *all in*. Era a hora do show.

Abri a porta, com sorriso de orelha a orelha, cumprimentando a recrutadora e cada um dos candidatos na sala.

"Fala pessoal! Meu Deus, esse SBT é grande mesmo, que coisa linda isso aqui! Parece um labirinto!".

Interrompi a dinâmica aproveitando a atenção que já viria inevitavelmente para mim.

Não de forma impositiva, arrogante ou desrespeitosa. Mas com autenticidade. Deixei o nervosismo fluir e se transformar em entusiasmo.

"Meu nome é Elcio! É sensacional ter conseguido chegar e conhecer vocês."

Pois é! Metralhei com frases positivas e perguntas genuínas.

Perguntava o nome de cada um, onde cada um estudava, pegava os objetos que já tinham sido usados na dinâmica e perguntava como funcionava. Contava quais artistas tinha visto nos corredores até chegar lá.

O fato é que dominei o ambiente e, por incrível que pareça, a turma gostou de mim.

Mesmo que tivesse aparecido de surpresa, mais de uma hora atrasado, para concorrer à mesma vaga que elas, as pessoas entraram na onda. Não ficaram bravas.

Muito pelo contrário. Foram com a minha cara.

Interagiram, fizeram brincadeiras, estavam relaxadas com minha presença porque não me impus. Fui alto astral, fiz comentários elogiosos ao que diziam, chamava cada um pelo nome.

Os olhos da recrutadora brilhavam.

Depois que cheguei, não teve mais dinâmica. Só tinha o *Show do Elcio*.

No dia seguinte, recebi uma ligação.

Dos vinte participantes, eu, o sujeito que tinha chegado uma hora e meia atrasado, fui escolhido.

O que mudou quando virei a chave? Como isso aconteceu?

Aconteceu que transmiti verdade, autenticidade e entusiasmo. Permiti que a conexão acontecesse.

As pessoas chamam isso de carisma.

O carisma seduz, a audácia encanta.

As pessoas projetam nelas próprias as sensações que você desperta.

Carisma não é mágica, não é necessariamente um dom que você herda. Você pode ser carismático sem ter nascido carismático.

Mas Elcio, o que é carisma?

Carisma é a harmonia entre o que você pensa, o que sente e como age. Acontece quando essas três instâncias estão conectadas: sentimento, pensamento e ação.

Suas atitudes condizem com o que você sente. O que sente reflete o que pensa.

Mudar a ordem desses fatores não altera o resultado. Se estão interligados, se há congruência, você transmite carisma.

Porque, instintivamente, sem saber exatamente como, sentimos a força dessa verdade nos outros.

Quando você confia em si, os outros confiam em você.

É como um vírus. Se você estiver contaminado, vai contagiar quem estiver do lado. Se estiver contaminado com autoconfiança, vai contaminar e conquistar a confiança dos outros.

Acreditamos no que é autêntico. No que percebemos como genuíno e espontâneo.

Se você tem autoconfiança a ponto de ser autêntico, torna-se imediatamente carismático.

É um ciclo: autenticidade gera autoconfiança, e quanto mais confiante, mais autêntico.

Olhar o mundo de maneira positiva, enxergando o melhor de cada situação, ativa seu entusiasmo.

O entusiasmo é contagiante, também provoca uma sensação positiva nos outros.

"Quando estou perto dele o mundo parece mais legal."

Você cativa as pessoas com carisma quando faz com que sintam, elas próprias, os efeitos dos bons sentimentos que você próprio sente.

Esse ciclo começa quando acreditamos que podemos ser o que quiser. O passado não define nosso destino.

O que existe é o agora, você pode começar algo novo neste exato momento.

Quem disse que você é tímido? Quem disse que não tem carisma?

Acreditar em si mesmo não é uma fórmula sobrenatural para se dar bem.

É um processo *natural* para se dar bem.

Suas ações influenciam seus pensamentos. Seus pensamentos sobre você mesmo influenciam suas atitudes.

Quem já jogou bola na rua, na escola, em qualquer lugar, sabe como funciona a divisão dos times entre a molecada.

Os dois melhores boleiros tiram par ou ímpar e escolhem os jogadores, alternadamente.

Essas divisões têm algumas regras universais:

Regra universal 1:

O mais perna de pau é escolhido por último.

Regra universal 2:

Ninguém quer ser goleiro.

Regra universal 3:

O último a ser escolhido joga no gol.

E quando o mais perna de pau é também o mais teimoso e se recusa a jogar no gol?

Este é o pano de fundo dessa história que um amigo viveu no colégio. Muita gente já viveu algo parecido.

O impasse era: o mais perna de pau não queria jogar no gol.

Como resolver o dilema?

Com certa dose de malandragem adolescente.

O Vareta era alto, magro, palmeirense e ruim de bola. Precisava ser convencido a jogar no gol. Foi então que todos começaram a elogiá-lo, a compará-lo ao Veloso. Ninguém acreditava naqueles elogios.

Na verdade, apenas um acreditou: o próprio Vareta.

E fechou o gol.

Saltava nas bolas com destemor, defendia com qualquer parte do corpo. Com a cara, se fosse preciso.

Quando levava um frango, botava a culpa nos zagueiros.

Ele incorporou tudo o que disseram de positivo sobre ele, e se transformou em um goleiro quando acreditou. A cada defesa, acreditava ainda mais, e se transformava em algo que nunca havia sido.

Depois disso, em todos os recreios e aulas de Educação Física, Vareta era o goleiro.

Sim, ele se transformou em um baita de um goleiro. Pouco tempo depois, Vareta estava jogando como goleiro no time de futsal do Palmeiras.

Talvez você nunca tenha se visto como uma pessoa carismática.

Mas nada, absolutamente nada te impede de ser.

Tem muita gente por aí que desqualifica esse pensamento, de que nossas crenças nos definem e podem transformar nossa realidade.

Dizem, de forma pejorativa, que é coisa de "autoajuda", de "gurus" ou de *coach*.

Mas uma verdade não deixa de ser verdade simplesmente porque é dita por gurus ou *coaches* desqualificados.

E tem muitos. É o que não falta.

Mas isso, definitivamente, não é um papo desses.

Grandes pensadores e personalidades da história já disseram isso, ainda que de outras maneiras, muito antes de existir o próprio conceito de "autoajuda".

APENAS PARA DAR UM EXEMPLO:

Um dos escritores russos mais influentes da história, em qualquer língua, já enxergava isso nos anos 1800. Anton Chekhov foi um dos precursores da literatura e dramaturgia modernas, e seu legado é reconhecido até hoje.

ELE DISSE O SEGUINTE:

O homem é o que ele acredita.

Mais direto e verdadeiro, impossível.

Talvez, como indivíduos, não tenhamos o poder de mudar muitas coisas no mundo. Como eu disse, talvez...

Mas com toda certeza, o poder de mudar o que acredita sobre si mesmo, e, assim, transformar sua realidade, você tem.

A forma como você se enxerga influencia suas atitudes. Consequentemente, as pessoas vão mudar o olhar delas sobre você.

As pessoas só vão confiar em você se antes você confiar em si mesmo.

A autoconfiança é o que determina a confiança alheia.

Você é o que acredita ser.

O que você quer ser?

LEI 26
VEJA O COPO MEIO CHEIO

Todas as suas economias estão aplicadas em um banco.

Vamos dizer que o nome do banco seja BGG – Banco Genial e Generoso.

Obviamente, você não é o único cliente do BGG. Milhares também têm conta lá.

Imagine a situação:

Você está em casa, tomando café, assistindo ao jornal matinal, e ouve:

"O BGG acaba de entrar em processo de falência."

Você salta do sofá, entra no carro e acelera rumo à agência mais próxima para sacar suas economias.

Chegando lá, entra em uma fila de clientes querendo o mesmo.

Você abre seu aplicativo de mensagens, vê um meme do BGG indo para o brejo, e reza para haver dinheiro quando chegar sua vez.

Essa mesma cena se repete em todas as agências do Banco Genial e Generoso. Milhares de clientes esvaziam suas contas ao mesmo tempo.

No dia seguinte, no mesmo jornal, você e milhares de telespectadores descobrem que o banco que tinha ido à falência não era o Banco Genial e Generoso, o BGG, mas sim o BGGG – Banco Grande Grupo Garcia.

Descobre também que, além do BGGG, o BGG acabou de decretar falência.

Tudo não passou de um mal-entendido.

Mas o fato é que a crença na falência do BGG, e a ação das pessoas em decorrência dela, quebraram o banco.

Ao esvaziarem suas contas, os clientes transformaram uma crença falsa em realidade.

Foi com essa observação sobre o comportamento humano que o sociólogo estadosunidense Robert Merton criou a expressão *profecia autorrealizável*.

Se as pessoas entendem uma situação como real, sendo verdadeira ou não, as consequências serão reais.

Expectativas e crenças, reais ou não, podem produzir a realidade imaginada.

A realidade não é sólida como concreto.

Ela é fluida, está em constante transformação.

Pode ser alterada com uma simples ideia, crença ou atitude.

Sua *percepção* da realidade pode mudar a realidade. A cada momento, a cada nova decisão.

A veracidade ou falsidade do que você acredita não importa neste caso.

O que de fato importa é o *efeito* das suas ações.

Profecias autorrealizáveis acontecem o tempo todo. A gente que não percebe.

Pense na seguinte situação:

Eduardo é um amigo muito legal, que você conhece há anos.

Ele não confessa, mas você, como amigo, sabe que ele precisa de uma namorada.

Mônica é amiga de sua namorada. Sua namorada diz que ela precisa de um namorado.

O que você faz?

Chama seu amigo e solta:

"Eduardo, você já ficou com a Mônica?".

"Que Mônica?".

"Como assim, que Mônica! A da faculdade, porra!".

"Não sei quem é."

"Ela com certeza sabe quem você é, isso eu garanto."

Eduardo fica intrigado.

"É aquela loira alta que senta na fileira da frente?".

"Não, essa é a Flávia. A Mônica é uma morena que senta perto da porta."

"Ah, sei quem é. Não fiquei com ela."

"Não ficou, mas vai ficar!".

"Tá maluco? Como assim?".

"Você nunca reparou?".

"Nunca reparei o quê?".

"Ela tá sempre olhando pra você. Tenta disfarçar, mas dá na cara!".

Na verdade, a tal Mônica nunca olhou para o tal Eduardo.

Mas isso, agora, não faz mais diferença.

A semente foi plantada. Eduardo passa a enxergar Mônica com outros olhos.

Nada na realidade mudou, apenas a crença dele no interesse dela.

Eduardo vai olhar mais para Mônica. A reação natural dela vai ser retribuir o olhar. Isso vai ser interpretado, por ele, como confirmação do interesse que acredita existir.

Ele começa a tratá-la diferente dos outros.

O tom de voz muda quando a cumprimenta. Ele sorri e ajusta a coluna. É prestativo e simpático. Ouve o que ela diz e demonstra interesse por suas ideias.

Aos poucos, o olhar de Mônica também muda:

"Como nunca tinha reparado nesse cara tão legal?".

Aos olhos dela, Eduardo começa a parecer mais atraente do que realmente é.

De olhar em olhar, de sorriso em sorriso, Eduardo chama Mônica para jantar.

O resto da história você conhece.

Todo mundo diz que ele completa ela e vice-versa, que nem feijão com arroz.

A profecia foi cumprida.

A questão é: isso teria acontecido se Eduardo não acreditasse no interesse de Mônica?

Nunca se sabe, mas provavelmente não.

Uma realidade nova foi criada, simplesmente com uma mudança de olhar.

Isso vale tanto para o bem quanto para o mal.

As palavras têm, sim, poder. Já disse e repito.

Esse poder vem do fato de acreditarmos nelas.

O que importa não é o que acontece, mas como você reage.

Quem disse isso foi o filósofo grego Epíteto.

Pense bem no que isso quer dizer: sua reação a um acontecimento é *mais importante* que o acontecimento em si.

Essa é uma lição poderosa.

Seu destino não depende do que acontece com você, mas de como reage ao que acontece.

Depende das atitudes que toma em relação às convicções que você próprio cria.

Esse é o sentido do que chamamos de otimismo ou pessimismo.

Você já ouviu a história do copo que está pela metade.

Alguém pode dizer que está meio cheio ou meio vazio. Uma resposta metade certa está também metade errada. Uma carga meio pesada é ao mesmo tempo meio leve.

A realidade nua e crua é que o copo está, ao mesmo tempo, meio cheio e meio vazio.

As duas visões estão corretas.

A questão é: com qual lente você vai *interpretar* essa realidade?

Sua visão vai moldar sua crença e, portanto, suas atitudes.

Uma visão "meio vazia" provoca reações propensas a resultarem em uma realidade 100% vazia.

Uma mentalidade "meio cheia" ativa atitudes propensas a resultarem em uma realidade 100% cheia.

Otimismo e pessimismo são enquadramentos de uma mesma realidade.

No universo e na vida, tudo tem muitos lados. Há dezenas, centenas, bilhões de ângulos. Mas existem, sempre, no mínimo dois.

Suas ações dependem da forma como você enquadra o que enxerga. Se de maneira positiva ou negativa.

Reenquadrar é um recurso poderoso das inteligências social e emocional, fundamental na persuasão e solução de problemas.

A forma como você apresenta a realidade, e como o outro a enxerga, cabe em qualquer moldura.

Você precisa se conectar com o lado mais atraente dessa verdade.

Esse reenquadramento pode ser feito em qualquer situação.

Onde uns vêem crises, outros enxergam oportunidades. Você já ouviu isso.

A matéria-prima de um problema pode ser a mesma da solução.

Quanto mais interpretar a realidade de um ângulo otimista, maior a chance de a profecia se autorrealizar de forma positiva. Com o pessimismo acontece o mesmo.

Seu destino é a síntese de suas interpretações e atitudes.

LEI 27

DIVIRTA-SE

Você se preparou com dez dias de antecedência.
Conhece o assunto em detalhes.
É a reunião mais importante da sua vida.
Seu futuro na empresa depende de seu desempenho. Sua promoção está a um passo. Se tudo der certo, vai ganhar mais. Vai ter dinheiro para comprar aquela casa pé na areia na sua praia favorita.
Você está cheio de expectativas.
Toma banho e faz a barba. Terno, camisa e gravata passadas.
Seu coração acelera. Você atribui ao café.
Momentos antes da reunião, revisa seu discurso e checa a bateria do *notebook*. Tudo certo. Está preparado, mas mãos suam enquanto pensa no futuro, na promoção, na casa da praia, no seu desempenho.
A reunião foi um desastre.
Por quê?
Porque criar expectativas te impede de focar no que interessa, o presente.
Viver antecipando o futuro gera ansiedade. Ansiedade mina a confiança.
Sem autoconfiança, você não transmite confiança e não consegue nada. Nem de si próprio, que dirá de outra pessoa.

Sem confiança mútua não existe persuasão possível. Você não convence ninguém porque expectativas e ansiedade bloqueiam sua autenticidade.

O que você diz e faz soa falso e vacilante, mesmo que esteja sendo verdadeiro. Porque suas atitudes e palavras vão estar, sinceramente, demonstrando sua própria insegurança.

Eu poderia ter sido o personagem da reunião hipotética que descrevi.

Trabalhava como diretor criativo em um dos projetos mais inovadores do Brasil nos últimos anos, e conduziria uma reunião com investidores.

Havia milhões de reais em jogo. O projeto precisava ser aprovado.

Eu era o responsável pela apresentação. Do outro lado da mesa estariam duas grandes celebridades.

Uma é conhecida e admirada no mundo, das florestas do Vietnã aos palácios da realeza britânica.

A outra é das mais conhecidas do Brasil. Das aldeias amazônicas aos salões do hipódromo do Rio de Janeiro.

Por motivos éticos, não posso citar nomes. Conto o milagre, mas não o santo.

A reunião era a primeira em que todos os envolvidos estariam presentes.

As estrelas chegaram na agência em seus carros blindados, escoltados pelos respectivos seguranças.

E lá estava eu, o condutor da reunião que definiria o destino de um projeto milionário, da qual participariam duas das personalidades mais conhecidas do Brasil, de ressaca.

Sim, a noite anterior tinha sido daquelas memoráveis. Vivia uma fase intensa, em todos os sentidos.

Mal dormi, e na manhã seguinte, a ressaca era daquelas confundíveis com malária.

Tomei banho frio, café, e fui à reunião.

Encontrei minha equipe na recepção de um dos principais prédios comerciais da Vila Olímpia, um dos endereços mais caros de São Paulo. A primeira coisa que o presidente da minha empresa disse, assim que me viu, foi:

"Xiiii... Caralho, Elcio! Que cara é essa?".

Apesar da cara inchada, da cabeça girando e do corpo mole, eu estava tranquilo.

"Opa! Tudo certo!".

"Tem certeza?".

"Opa!".

"Tá preparado?".

"Opa!".

Não contei para ele, mas a verdade é que não tinha preparado nada. Não porque tinha esquecido, mas porque não achei necessário.

Isso não quer dizer que não estivesse preparado.

Todos estavam tensos: o "sim" das estrelas injetaria milhões na empresa.

Um dos produtores me perguntou se eu queria revisar os *slides* de Powerpoint.

Respondi, tranquilamente, enquanto trocava mensagens com a garota da noite anterior:

"Não tem Powerpoint."

Todos se entreolharam, tensos.

O silêncio foi quebrado pelo presidente:

"O Elcio fodeu a gente", comentou com o diretor executivo.

Já eu estava tranquilo.

Nessa fase já tinha virado a chave: "Tudo o que fizer vai ser me divertindo".

Estava completamente relaxado. Alto astral. Não via a hora de trocar ideias com dois dos meus ídolos.

Mesmo não tendo me preparado no sentido mais comum da palavra, me sentia absolutamente à vontade.

A recepcionista libera nossa entrada. Subimos ao andar da reunião, à sede dos clientes.

Saí do elevador, empolgado como criança na Disney. Cheguei cumprimentando todo mundo, genuinamente entusiasmado, bombardeando os anfitriões de perguntas sobre a decoração do lugar. O escritório parecia cenário de filme.

Naquele momento, eu já tinha virado o centro das atenções e quebrado o gelo.

Após aquele *small talk*, que conduzi quase como um esquenta para a balada, a reunião começou.

Fiz uma breve apresentação, deixando alguns espaços de silêncio entre as ideias, aguardando um deles tomar a palavra.

Não demorou muito para começarem a falar. Era só isso que eu queria.

Não pretendia apresentar uma ideia pronta, deixaria eles falarem e acrescentaria.

E foi isso o que fiz.

Abri espaço para que todos participassem da concepção criativa.

As estrelas opinaram, refletindo o que realmente queriam. A cada nova informação, o conceito ficava mais claro e definido.

O que fiz foi ouvir e criar a partir das necessidades e desejos deles.

Resultado: foi uma conversa que criou sensações de intimidade e confiança.

Ninguém nem perguntou de PowerPoint.

Os donos do cofre e das canetas sentiram-se coautores do conceito. Ou seja, ninguém poderia contestá-lo.

Ninguém se opõe à sua própria criação, certo?

Em vez de impor *sua* visão para atingir *seus* objetivos, você deve conduzir as pessoas a tomar decisões para que *sua* meta seja a *delas*.

Fechamos o negócio, o presidente da minha empresa saiu rindo, sem acreditar no que eu tinha feito.

Que fique claro: não estou te aconselhando a ir a uma reunião importante de ressaca.

O QUE ESTOU DIZENDO É:

Você precisa criar um clima de cooperação em prol de objetivos em comum.

De nada adianta preparar planos sem ouvir os envolvidos. De nada adianta criar expectativas, principalmente sobre o que você não conhece ou controla.

Quanto mais expectativas, mais estressado você fica.

Quanto mais estressado, mais comete erros.

Quanto mais comete erros, mais inseguro.

Estresse é um conceito emprestado da física mecânica.

Simplificando, está relacionado à força que uma peça exerce sobre outras no funcionamento de uma engrenagem, por exemplo.

Cada componente deve ser capaz de suportar a pressão mecânica exercida sobre ele, sem rachar ou fissurar.

Esse termo define bem o que acontece com pessoas sob estresse psicológico.

A pressão desencadeia reações fisiológicas. Há descargas de adrenalina e cortisol.

Sob estresse, as mãos suam, o coração acelera, a respiração fica inconstante e você gagueja. Expectativas geram uma bola de neve de ansiedade, que nos leva a cometer falhas, que minam a confiança.

Esses sinais são percebidos, e as pessoas passam a acreditar cada vez menos em você.

Esse é o efeito do estresse mental.

Expectativa e ansiedade pressionam nosso organismo. Essa pressão pode rachar peças e engrenagens.

Então, zere as expectativas.

Não se preocupe com o dia de amanhã. A vida acontece agora.

Pense, sim, no futuro. Faça planos. Mas entregue-se ao agora. Aja no agora.

Pensar, deduzir, prospectar é diferente de se preocupar.

Quando você está verdadeiramente despreocupado, vivendo o presente, o que resta é se divertir. É neste momento que você transmite confiança naturalmente. A tão desejada autenticidade sobressai, sem esforço.

Zere as expectativas. Vibre alto. Contagie. Divirta-se!

O que parecia um monstro de sete cabeças vai ficar fácil como jogar gol a gol contra uma criança de dois anos.

Um passo de cada vez. O que está na sua frente agora?

Eu sei, o livro, vamos a última lei!

LEI 28
AME AO PRÓXIMO

Você pode ser religioso ou não, mas pense:

"Ame ao próximo" soa como um mandamento, mas não é apenas isso. É muito mais.

Amar é um presente que podemos desfrutar.

Como seria o mundo se todos cultivassem esse presente?

Muita gente define amor como sentimento.

Estão certas, mas amor também é uma escolha.

A terceira Lei de Newton diz:

Toda ação provoca uma reação de mesma intensidade e sentido contrário.

Não se trata, obviamente, de uma lei que alguém decretou. É como a física da natureza funciona.

Amar para viver plenamente nossa humanidade está na nossa natureza.

Por natureza, não me refiro à fauna e à flora como entidades desconectadas dos seres humanos.

Somos parte dela. A nossa matéria-prima é a mesma da Terra. Somos carbono e água, a mesma mistura de água e terra que forma o planeta.

Da próxima vez que ouvir que "somos um com o Universo", pense a respeito.

Se somos feitos da mesma matéria da Terra, e se a Terra faz parte do Universo, cada um de nós está integrado ao Universo.

Reciprocidade não é uma convenção social, é a dinâmica que rege o cosmos.

Ação e reação.

Por esse motivo, o princípio de "dar a outra face" é contra-intuitivo. Mas não anti-natural.

Como seres racionais, temos o poder de escolher reagir a uma ofensa com amor. E, assim, subverter um ciclo de ódio.

Pacifistas subvertem a ordem.

Foram considerados subversivos ao longo da história e continuam sendo.

Olho por olho, e o mundo acabará cego.

Essa frase é do líder indiano Mahatma Gandhi, que pregava a não violência. Foi considerado subversivo pelo Reino Unido por praticar o "dar a outra face" durante o processo de independência da Índia.

Por quê?

Porque o amor é uma força poderosa.

Basta uma faísca para se espalhar.

É profundamente contagioso porque conecta nosso desejo de plenitude com o desejo de plenitude do outro.

Em um mundo controlado por medo e egoísmo, o amor é revolucionário. Os que ousam amar muitas vezes amedrontam.

Amedrontam porque não têm medo.

O medo, assim como o amor, é uma força poderosa.

Poderosa a ponto de ser usada como método de controle social. Da antiguidade até nossos dias.

A única força capaz de superar o medo é, justamente, o amor.

São forças antagônicas.

Não é o ódio que se contrapõe ao amor, mas o medo. O ódio é uma manifestação do medo. Uma reação à sensação de insegurança.

O amor te liberta para usufruir a vida plenamente. Para expressar seus sentimentos e atitudes mais nobres, sem reservas, e contagiar os que estão ao seu lado.

Dê o primeiro passo, e ame sem desejar nada em troca.

O amor também é feito de pequenos gestos.

Ajude um desconhecido e aceite a gratidão dele.

Os sentimentos que brotam em você, brotam também nos outros.

Se estiver triste, faça o bem. Ele volta para você.

Experimente amar.

Seu mundo vai ser melhor. As pessoas ao seu redor vão ser melhores.

Vai perceber que as coisas começam a dar certo e que, de alguma forma que não consegue explicar, a sorte está sorrindo para você.

É surpreendente e chega a ser inacreditável.

Escolher amar desencadeia uma espiral de bem-estar, arrebatadora como uma força da natureza.

Na verdade, não é poderosa *como* uma força da natureza. É poderosa *porque* é uma força da natureza, ou, até mesmo, a própria natureza.

As leis e princípios da inteligência social não foram "inventados".

São resultados da observação de nossa humanidade: desde a forma que agimos quando estamos sincronizados até a que reagimos quando reconhecemos alguém querido.

O que as leis da inteligência social transmitem, em última instância, é tolerância, respeito, confiança e empatia.

Por fim, inteligência social é o próprio amor.

O amor que você pratica abre as portas para a felicidade.

Felicidade não só sua, mas de todos que estão ao redor.

De nada serve um quociente intelectual alto sem esses sentimentos. Ser dono de toda a razão do mundo não vai te fazer feliz.

O escritor estadosunidense Dean Koontz resume bem essa verdade:

As funções do intelecto são insuficientes sem coragem, amor, amizade, compaixão e empatia.

O Chapeleiro Maluco, em *Alice no País das Maravilhas*, também:

O segredo, querida Alice, é rodear-se de pessoas que te façam sorrir o coração. É então, só então, que estarás no país das maravilhas.

Costumo dizer que é preciso ir ao inferno para se encontrar com Deus.

Como assim, Elcio?

É preciso "se sentir em casa" no inferno para encontrar o amor.

Como assim, Elcio? Ainda não entendi.

É preciso amor para não recriminar o diabo.

Cedo ou tarde, *"Amar ao próximo"* soará óbvio e libertador.

É neste momento que a mágica de viver no país das maravilhas acontece para cada um, e para todos nós.

Quando assimilamos que, de fato, todos somos um.

Da mesma forma que disse no primeiro capítulo, de que precisamos dos outros para entender nossa identidade como indivíduos.

Precisamos dos outros para entender que estamos conectados e unidos a um só organismo.

Átomos incontáveis formam uma única célula.

Trilhões de células formam o corpo de um único ser humano.

Bilhões de humanos formam a humanidade.

Milhões de espécies formam o reino animal.

Além de nós, animais, milhões de plantas, fungos, protozoários, algas, bactérias e minerais formam o nosso planeta.

Planetas, satélites e o sol formam o nosso Sistema Solar, que faz parte da nossa galáxia, nosso universo, multiversos, cosmos...

Entende onde quero chegar?

Estamos todos conectados, todos somos parte de um grande organismo vivo.

Você é feito de trilhões de células. Você e outros incalculáveis tipos de vida e elementos compõem o todo.

Todos nós somos o universo.

O amor te conecta com os outros.

O amor te conecta com você mesmo.

O amor te conecta com o todo.

O todo é o amor, e você também.

Te vejo no futuro.

Este livro foi composto por fonte Adobe Garamond Pro, 12/16pt,
papel Avena 70 gr/m² e impresso pela Lura Editorial, em São Paulo